KB057536

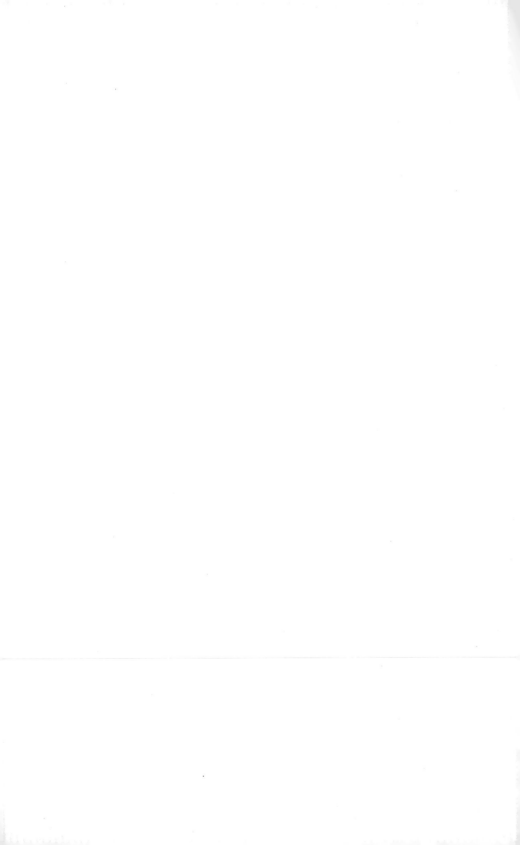

美軍政期 大學과 專門人 育成 研究

美軍政期 大學과
專門人 育成 研究

류 동 희 지음

서경문화사

서문

　대학의 기능은 전통적으로 교육, 연구, 봉사로 정의되고 있으며, 학문연구와 고등교육을 수행하여 사회 발전에 중추적인 역할을 하고 있다. 대학에서 이루어진 연구가 이론으로 형성되어 정치·경제·사회·문화 등의 발전에 기여하며, 대학교육을 받은 엘리트들은 그 사회를 이끌어가는 전문직으로서의 역할을 수행하고 있다.

　한국의 고등교육은 성균관으로부터 시작되었다. 조선시대에 국가의 발전을 이끌어 나갈 전문 인재 양성을 위하여 서울에 설치된 국립대학격인 성균관은 명실 공히 유학교육을 전담하는 최고학부로 자리매김하게 되었다.

　근대적 대학 생성기를 거쳐 일제 강점기 하에서 대학과 전문학교들은 균형적인 학문발전과 전문인 육성보다는 통치 목적인 편향교육이 이루어지기는 하였지만, 해방 이후 서구식 대학으로 변천할 수 있는 전환점을 이루게 되었다.

미군정 하에서 설립·개편된 많은 대학들은 일제가 추구한 교육 목표에서 탈피하여 새로운 민주주의 이념을 바탕으로 대학의 기본 이념에 충실하면서, 향후 한국 사회 전반의 발전을 주도할 전문인 양성 기반을 마련하였다.

필자는 오랜 기간 동안 대학에서 행정과 강의를 담당하면서, 전문인 육성이라는 측면에서 현재 한국 대학의 설립·개편 과정에 대하여 관심을 가지고 정리의 필요성을 느끼게 되었다.

우선 선행 연구를 바탕으로 현대 한국 대학 형성의 중요한 전환점이 되고 있는 미군정기의 대학교육의 전개 및 전문인 양성 방향에 대하여 연구를 수행하였다.

이 책에서는 미군정기의 대학설립과 개편과정을 중점적으로 다루면서 일제 강점기 및 미군정의 대학 정책을 바탕으로 각 대학의 교과과정의 특성을 분석하여 전문인 양성의 기반 조성을 살펴보았다.

한국 고등교육 연구에 작은 보탬이 되기를 기대하며, 연구 능력과 자료의 부족으로 학문적 완성도를 높이지 못한 아쉬움은 향후 연구를 위한 과제로 남기고자 한다.

　인간적 미숙과 능력의 부족을 늘 따뜻한 마음으로 살펴주시는 주위의 여러 어르신, 동료, 후배들과 사랑하는 가족들, 출판을 맡아주신 서경문화사 여러분들께 깊은 감사를 드린다.

2010년 9월
안동대학교에서 역동서원을 바라보며
저자 류 동 희

차례

• 서문

제1장 글을 시작하며

어느 국가를 막론하고 대학은 학문연구와 고등교육을 수행하는 기관으로 사회 발전에 중추적인 역할을 하고 있다. 대학에서 이루어진 연구가 이론으로 형성되어 정치, 경제, 사회, 문화 등의 발전에 기여하며 대학교육을 받은 엘리트들이 그 사회를 이끌어가는 전문인으로 활약하고 있기 때문이다. 대학은 사회 전반에 많은 영향을 미치고 있기 때문에 한 나라의 교육 수준을 좌우하는 중요한 지표로 평가되고 있고 한걸음 더 나아가 대학의 수준은 국가의 경쟁력을 좌우하는 요소로까지 여겨지고 있다.

한국에서도 대학은 고등교육의 요람이 되어 위와 같은 역할을 수행하여 오고 있으며 대학 졸업자들은 국가와 사회 발전에 중요한 역할을 담당하고 있다. 대학의 발전과정에 대한 분석과 고찰은 대학의 양적인 발전뿐만 아니라 사회의 변화 및 발전에 크게 영향을 미친다는 측면에서 볼 때 매우 중요한 의미를 지니고 있다.

1945년 해방 이후에 우후죽순처럼 설립된 한국대학들의 설립·개편 과정들은 여러 가지 면에서 중요한 의미를 내포하고 있다. 일제 강점 하에서 통치 목적인 편향 교육에서 탈피하여 서구식 대학으로의 전환점을 이루어가는 시기였기 때문이다. 이 시기에 설립된 대부분의 대학들은 현재 한국 고등교육기관으로서 중요한 위치를 차지하고 있으며, 대학 졸업자들이 고도 산업화와 국가의 선진화를 이끌어 나가고 있다. 미군정 하에서 설립·개편된 대학들은 일제 강점 하의 교육목표와는 다른 새로운 민주주의 이념을 추구하게 되었으며, 현재의 한국대학의 기본이념으로서 자리 잡게 되었다. 이런 면에서 미군정하의 대학에 대한 연구는 한국 현대사와 초기적 고등교육 방향을 이해하는데 매우 중요한 요소로 작용하고 있다.

이 시기의 대학교육에 대해서는 주로 교육학 연구자들이 중심이 되어 교육사 차원에서 연구가 이루어지고 있다. 이들의 연구에는 주로 교육이념과 관련한 측면의 연구에만 치중하여 왔기에 역사적 관점에서의 연구는 매우 부족한 형편이다. 이는 역사학계에서 해방 후의 현대사에 대한 연구가 미흡한 것과 관계가 있으며 한국에서의 현대사에 대한 연구가 이념적 제약이나 관심의 부족 등에 따라 부진하였던데 기인한다고 하겠다. 특히 미군정하에서의 대학교육 부분만을 따로 다룬 체계적인 연구는 거의 없다. 이 연구에서는 한국 현대교육의 중요한 전환점이 되고 있는 미군정기의 대학교육정책과 이 시기에 대학교육기관의 설립 및 개편과정을 분석하여 역사적인 관점에서 한국 현대대학교육사를 조명하고자 한다. 이를 통하여 미군정기 대학교육정책의 전반적인 모습과 새로운 신생 독립 국가의 발전에 필요한 전문인 양성 기반에 대해 심도 있게 살펴봄과 동시에 향후 한국대학 교육의 전개 및 전문인 양성 방향에 대하여 전망하여 볼 수 있는 밑바탕이 될 것이다.

미군정기 교육에 대한 종합적 연구는 鄭泰秀의 연구[1]를 꼽을 수 있다. 그의 문제의식은 '民族'이라는 가치 위에 '현대적' 교육논리의 기조를 구성하는 '자유', '민주', '평등', '권리'라는 4대 가치를 50년 전의 미군정 교육사 속에서 재조명하는데서 출발하고 있다. 그는 국내는 물론 외국의 1차 사료(미국 국립도서관 소장자료)를 최대한 수집하여 자료집으로 집대성하였다. 방법론적으로는 법제사 연구방법으로 이런 것들이 어떻게 형성·정비되어 나가는가를 연구하였다. 미군정기의 기본적인 제도와 성격에 대한 이해에는 이 연구가 중요한 위치를 차지하고 있으며, 방대한 일차 사료의 집대성은 연구의 실증성에 대한 가치를 높여 주고 있다. 미군정의 정책과 한국의 교육이 어떤 관련을 지니고 있는지, 그것이 법제화되는 과정이 어떤 것인지에 대한 서술이 충실하게 되어 있다.

이 연구에서는 결론을 내리지 않고 각 부분의 서술만으로 구성하였다는 점이 아쉬움을 느끼게 한다. 그런 이유로 내용은 실증적이고 상세하지만 그에 대한 역사적 분석 및 평가는 아직 과제로 남아 있는 편이다.

김동구의 연구[2]는 미군정기 한국인들의 미국 교육사상 수용과 미국 교육의 개념이나 정책에 대한 전환과정을 분석하려 하였다. 이와 같이 새로운 개념들이 채택된 경로와 적용 여부를 밝히기 위하여 개념적·논리적 분석법, 주관적 소수집단 연구법, 역사적 기술법과 체

---

1 鄭泰秀, 『광복 3년 한국교육법제사』, 서울 : 예지각, 1995.
　鄭泰秀 편저, 『미군정기 한국교육사 자료집 상·하』, 서울 : 홍지원, 1992.
2 김동구, 『미군정기의 교육』, 서울 : 문음사, 1995.

제적 분석법 등의 방법론을 채택하고 있다. 그는 교육적 상황에 대한 기술과 우리나라 교육사상의 역사적 배경과 1940년대 미국의 교육사상을 서술하였다. 미국의 대한 교육정책과 교육사상의 수용과정을 살핀 후에 교육사상의 적용과정까지 고찰하였다.

손인수의 연구[3]에서는 미군정을 통치, 즉 점령군적인 성격에서 조명하였다. 그의 연구는 한미관계가 수직관계로 전락한 점을 반성하기 위한 것이며 교육문화라는 측면에서 일단 구한말 미국의 한국에 대한 인식부터 문제를 출발하여 미군정 실시와 전개과정 정치적 성격을 살펴보았다. 미군정기의 교육이 첫째, 개인의 인간화 둘째, 사회의 근대화 셋째, 국가의 자주화를 지향하였으나 둘째에는 긍정적이지만 나머지는 부정적 영향을 미쳤다고 보았다. 그 이유는 미군정의 교육은 개인에게 사회발전을 위한 도구로서의 기능을 강요했지만 자주적 교육역량을 파괴했으며 구미 지향적 세계관의 추구 속에서 반민족적인 속성을 키웠다고 서술하고 있다.

金容逸의 연구[4]는 미군정기 교육을 교육학보다는 정치학적 측면에서 접근하고 있다. 그는 80년대 이전의 논문들을 전통적인 관점 즉 냉전적인 접근과 보수 이데올로기적 관점에서 이루어졌다고 정리하였다. 이런 연구들은 미국의 민주주의 교육이념이나 제도를 수용할 만한 것이라고 전제하고, 당시 교육현실에 구현되는 과정에 초점을 맞추고 있다. 그는 교육정책과 관련된 개인, 단체, 정치세력의 정서적

---

3 손인수, 『미군정과 교육정책』, 서울 : 민영사, 1992.
  손인수, 『한국근대교육사』, 서울 : 연세대학교 출판부, 1971.
4 金容逸, 『美軍政下의 敎育政策 硏究 —교육정치학적 접근—』, 고려대학교 민족문화연구원, 1999.

12_ 美軍政期 大學과 專門人 育成 硏究

측면과 의식 내면의 세계까지 교육정책의 형성과 관련되는 모든 것을 다루는 '집단의식사적 연구'를 시도하려고 하였다.[5] 그에 따라 미군정기를 4기로 구분하여 자주적 교육개혁 모색기, 정책주도세력 형성기, 정책지배세력 구축기, 정책주도세력 강화기로 나누고, 당시의 정치세력과 교육정책과의 상관관계를 밝히려고 하였다.

이광호의 연구[6]는 미군정기 교육에 대한 규명이 이루어지지 않은 이유를 몇 가지로 나누어 설명하고 있다. 첫째, 미군정의 직접 통치에 의해 이루어진 교육재건 과정은 이데올로기 문제와 절대적 관련을 갖고 있어 그와 관련된 객관적인 1차 사료를 구하기가 쉽지 않은 점 둘째, 당시 교육계에서 중요한 역할을 담당했던 주역들이 현재 한국교육에서도 영향력을 행사하고 있거나, 현재 국내 교육관계자들이 인맥과 학맥 등으로 직·간접적으로 관련을 맺고 있어 객관적 연구의 장애가 되어 온 점 셋째, 국내교육연구의 성향으로 인해 교육사실에 대한 역사적 철학적 접근 및 관심이 교육 외적 문제로 간주되어 왔거나

---

5 최장집은 지금까지의 해방 후 정치사회사 연구의 특징과 한계를 지적하고, 앞으로의 연구방향을 제시하는 가운데 "집단의식사 연구"의 필요성을 제기한바 있다. 대부분의 연구가 객관적 관찰자의 시점에서 처리됨으로써 의식 주체로서 스스로가 생각하고 살아 움직이는 대중의 실체를 이해하지 못했다는 것이다. 이를 극복하기 위해서는 대중의 정서적인 측면 및 의식 내면의 세계가 사회사 연 구속으로 적극 수용되어야 하는데, 그 방법은 당시의 단편적인 기록, 당시의 생활상을 기록한 문학작품, 인터뷰, 군소단체의 간행물 등으로 연구 자료의 폭이 넓혀져야 한다는 주장이다(최장집, 「해방에서 6·25까지의 정치사회사 연구 현황과 문제점」, 역사문제연구소 편, 『한국근현대연구입문』, 역사비평사, 1988 : 재인용 김용일, 『미군정하의 교육정책 연구』, 고려대학교 민족문화연구원, 1999).

6 이광호, 「미군정의 교육정책」, 『해방전후사의 인식』 2, 서울 : 한길사, 1985.

1차 연구 영역에서 제외되어 온 것 등이 요인이 된다고 설명하고 있다. 그는 미군정에 의한 교육정책의 기본성격과 변모 그리고 교육재건에 참여하여 주도한 인사들의 구성 성격과 교육관심 및 갈등관계를 살펴보려 하였다. 당시 미군정의 교육민주화는 자생적이고 자발적인 민주주의 교육의 발전을 위한 노력이 결여된 상태에서 식민지적 교육체제를 해체하려는 강력한 개혁의지를 수반하지 못한 채 냉전 이념에 편승한 모방적 성격이 강하다고 할 수 있겠다.

이길상의 연구[7]는 80년 이후의 비판적 시각을 담고 있는 대표적인 연구이다. 그의 문제의식은 남한에서 정치에 의한 교육의 수단화를 교육문제의 근본 원인으로 보는 것에서 출발하고 있다. 그는 미군정을 억압적인 정치권력으로 보았고, 미군정에 의한 교육정책으로 인하여 20세기 한국교육이 근본적으로 기형적인 현상이 나타나 교육이 정치도구화로 재생산하는 산실이 되었고 미군정시대 교육정책에 관한 연구의 난점은 교육정책에 관한 개념규정의 유보나 모호함에 기인한다는 것이다. 이러한 배경 하에서 그는 미군정기 교육정책의 목표를 규명하려는 것이 구체적으로 당시의 교육정책에 어떻게 반영되었는지를 살피고 있다. 그 결과 얻은 결론은 미국은 자신들의 정당하지 못한 분할 점령의 불가피성에 대한 대중적 지지를 획득하려는 정치적인 목적에 따라 교육을 수단으로 동원하였다는 것이다.

阿部 洋의 연구[8]는 미국측의 자료를 새로이 발굴하여 교육개혁을

---

7 이길상, 「미군정의 국가적 성격과 교육정책」, 『정신문화연구』 47, 서울 : 한국정신문화연구원, 1992.
8 阿部 洋 편, 『해방후 한국의 교육개혁』, 서울 : 한국연구원, 1987.
  阿部 洋 편, 『일본식민지 교육정책 자료집성(조선편)』, 동경 : 용계서사, 1991.

둘러싼 미국측의 동향이나 한국과 미국의 상호연계에 대한 분석을 시도하였다.

關 英子의 연구[9]는 해방 직후 한국인 교육자들에게 초점을 맞추고 이들의 구성과 교육개혁에서의 역할 및 '새교육운동'에 대한 실천을 통해 이 시기의 교육을 살펴보았는데 한국측의 주체적인 역할이 컸다고 말하고 있다.

稻葉 繼雄의 연구[10]는 미군정기의 교육을 국어교육에 초점을 두어 한글전용정책과 한글보급운동을 주로 다루었으며 한국인들이 주체가 되어 언어정책을 추진하였으므로 소기의 목적을 달성하지는 못했다고 고찰하고 있다.

馬越 徹의 연구[11]는 미군정기의 미국의 교육 원조를 다루었는데, 그는 한국교육 재건의 동기를 '탈 일본화'·'미국식 모델의 수용'·'민족화'로 보았다. 아울러 당시 미국식 교육모델의 이식이 시도되었는데 그것을 수용하는데 미국의 인적 물적 원조에 힘입은 바가 많다는 것이다. 다시 말하면 미국교육 원조의 영향이 컸다는 점에 초점을 맞추고 있다.

이상과 같이 미군정기 교육에 대한 여러 연구들을 검토하여 보았다. 그 결과 대학교육과 교육정책의 상관성에 대하여 다룬 연구는 거

---

9 關 英子, 「美軍政下における韓國人の敎育再建努力」, 『韓』 no. 112, 東京 : 韓國
   硏究院, 1988.
10 稻葉 繼雄, 「解放後韓國の敎育に尺した人人」, 『韓』 no. 28, 東京 : 韓國硏究院,
   1988.
11 馬越 徹, 『現代韓國敎育硏究』, 東京 : 高麗書林, 1981.
   馬越 徹, 『韓國近代大學の成立と展開』, 名古屋大學出版部, 1995(한용진 역, 서
   울 : 교육과학사, 2001).

의 없다는 사실이다. 주로 연구가 교육정책의 전반적인 측면과 이를 추진하는 교육주체세력, 미군정의 교육적 성격 그리고 미군정기 교육 정책의 시기구분 등에 집중되어 있음을 알게 되었다.

따라서 이 책에서는 미군정기의 대학설립 및 개편과정을 중점적으로 다루면서 선행 연구를 위한 현대 대학교육정책 및 전문인 양성의 기반 조성 과정을 살펴보기 위하여 일제 강점기 및 미군정기의 대학 정책을 기술하였다. 한국의 현대적인 대학들은 미군정기에 주로 설립·개편되었으나 이에 대한 밑바탕은 한일병탄 직전부터 태동되어 일제 강점기 하에서 형성되었다. 그러나 대학이 미국을 비롯한 선진 국가들의 학제와 교과과정에 의해 집중적으로 설립·개편된 시기는 해방 이후인 미군정기이다. 이 시기에 설립·개편된 대학들은 다소의 변형을 거쳤지만, 거의 현재까지 존속하면서 한국 고등교육 발전에 많은 기여를 하였다.

미군정기의 대학에 대한 구분은 대학 및 이에 준하는 교육기관으로 하였으며, 미군정기에 인가가 된 대학으로 한정하였다. 본 연구의 구성은 2장 대학교육정책의 변천과정, 3장 대학의 설립 및 개편과정, 4 대학 설립기금의 조성과 대학운영, 5장 교육이념과 새교육운동, 6장 전문인 육성을 위한 대학별 교과과정의 특성으로 하였다.

대학교육정책의 변천과정을 살펴보면 일제하의 교육정책은 일제 통치에 순응하고 충성하는 식민지인으로 동화시키고 일제의 정책을 잘 수행할 수 있는 인물들의 배출을 목표로 추진되었다. 민립대학 설립운동을 탄압하는 등 고등교육기관의 설립을 적극적으로 억제하였고, 설립된 대학에서도 근본적으로 사회발전을 주도할 수 있는 학문 분야는 배제하고 일제의 정책을 선양할 수 있는 분야로 집중되었다.

특히 일제의 대학정책에 대한 이해가 뒤에 이어지는 미군정기의 대학 교육정책에 많은 영향을 미치고 있는 것이 사실이다. 즉 미군정기 대학정책이 일제의 대학교육 정책을 극복 내지 계승하는 측면이 있다. 미군정기 대학교육정책은 이후 현대 한국 대학정책의 기초가 된다는 점에서 매우 중요하다. 이 시기 개편되거나 설립된 학교의 대부분이 오늘날 주요 대학들로 성장해 왔기 때문이다.

교육이념과 교과운영에 대해서는 미군정기 교육정책이 바탕이 되는 교육이념을 알아보고 대학에서의 교과운영에 어떻게 반영되어 이루어졌는가를 살펴보려는 것이다. 하나의 교육정책이 수립된 경우에는 교육목표가 주어진다. 그 교육목표를 뒷받침하는 것이 교육이념이다. 이는 국가의 성격과 밀접한 관련을 지니는 사안이다. 국가의 목표와 체제가 교육에 반영되는 경우가 많기 때문이다. 그런 점에서 미군정기 교육이념은 중요한 사안이며 사실 이후의 대한민국 교육이념에도 많은 영향을 주었다.

미군정기 대학의 개편과 설립과정을 보면 일제부터 존재한 전문학교가 주로 이 시기에 4년제 대학으로 개편되었으며 일제 강점기 당시설립이 억제되었던 고등교육기관은 당시 민족적인 교육열과 수요로 인한 대학설립운동이 활발하게 전개되어 각 지역마다 다양한 방법으로 많은 대학들이 설립되었다. 이를 설립연대와 주체 및 유형별로 분석한 후 다시 몇 가지 유형의 실제적인 사례를 검토한 바 이를 통해 당시 신설 대학들의 특징적 면모를 알 수 있다.

대학설립기금의 조성과 학교운영에 대해서는, 당시 대학설립과정에서 재정적인 문제를 어떤 방식으로 해결했는가를 살펴보고자 하였다. 미군정기 한국의 경제상황은 급등하는 인플레이션 등으로 많은 어려움을 겪고 있었다. 이런 상황에서 새로운 대학설립운동은 여러 가지 난관에 직면했다. 이러한 어려움을 어떤 방식으로 극복하고 대학을 만들었는가는 현대 한국 대학의 질적·양적 발전의 기틀이라 할 수 있다. 아울러 대학 설립 후에 중요한 것은 학교운영의 문제다. 학사운영 등 산적해 있는 많은 문제들을 국·공립대학과 사립대학들이 각기 어떻게 해결하면서 운영하였는가 역시 초창기 한국의 대학 운영의 모습들을 확인할 수 있다는 점에서 매우 중요하다.

미군정기의 교육이념과 새교육운동과 관련하여 미군정기 때 정해진 '弘益人間'의 교육이념은 정부 수립 이후에도 계속되었다. 처음 만들어지는 과정은 순탄하지 않았으며 이 교육이념은 미군정에 의해 적극 수용되지 못하였다. 미군정은 오히려 민주적이고 미국식 교육방법을 실현하기 위한 방법의 하나로 이른바 새교육운동을 전개하였다. 새교육운동은 해방 후 일제 식민지 교육의 잔재를 청산하고 민주교육을 지향한 교육혁신 운동이었지만 극소수의 교육자의 노력에 그치게 되어 교육 전반으로 파급되지는 못하였다.

대학별 교과과정에 나타난 다양성에 대해서는 대학의 목표는 궁극적으로는 진리탐구이지만 대학의 교과과정에서는 각 시기의 교육목표에 따른 교과과정의 차이가 있을 수밖에 없다. 따라서 이와 관련해 미군정기 교과과정의 특징은 어떤 것인지 알아볼 필요가 있다. 초창기의 교육과정에는 교수의 부족, 국대안 등 개편과정에서의 학내외적 요인에 의해 상당한 영향을 미쳤지만 일제 강점 하에서 획일적으로 이루어지던 교육에서 탈피하였으며 대학별로 특색 있게 다양하게 개설되어 향후 균형적인 학문 발전과 전문인 양성의 기반이 되었다.

제2장 大學敎育政策의 變遷過程

1. 1894~1984년까지의 大學敎育政策

1) 韓日合倂 以前의 大學敎育

갑오개혁 중인 1894년 6월에 관제개혁으로 설치된 學務衙門〈學部〉의 專門學務局은 "중학교·대학교·기예학교·외국어학교 및 전문학교를 관장한다"[1]고 하여 대학 설치를 예고하고 있다. 이듬해인 1895년 천주교에 입교한 安重根이 러·일전쟁 이전에 황해도 신천 청계동 성당의 빌헤름 신부에게 대학교 설립을 건의한 적도 있다.[2] 1905년에는 李容翊에 의하여 우리나라 최초의 專門學校인 普成專門學校가 설립되었으며 尹致昊는 개성에 基督敎大學의 설립을 추진했

---

1 宋炳基 등, 『韓末近代法令資料集』1, 서울 : 大韓民國國會圖書館, 1970, 7~8쪽.
2 안중근의사 숭모회, 『안중근의사 자서전』, 1979, 56~57쪽.
　劉庚煥, 『偉大한 韓國人 安重根』, 서울 : 태극출판사, 1977, 122~123쪽.

으나 이루지는 못했다.[3] 이러한 분위기 속에서 1906년 9월 平壤 崇實
學校,[4] 1910년 4월 梨花學堂, 1915년 3월 儆新學校에 각각 〈大學部〉
가 설치되어 근대적 대학교육이 실시되었다.[5] 한국 최초의 대학인 숭
실학교 대학부는 1906년 8월에 정식으로 운영되어 합성숭실대학
(Union Christian College)이라 부르게 되었다.[6] 1906년 7월 13일자의

---

3 *T.H. Yun's Letter to Dr. Warren A, Candler*, April 16, 1907 ; June 3, 1907 ;
 October 13, 1907 참조.

4 1909~1910년까지의 숭실대학의 교과과정은 4년과정으로 성경, 수학, 물리학,
 자연과학, 역사학, 도덕 및 정신과학, 어학, 웅변, 음악 등 8개 영역이었다(柳永
 烈, 「民族史 속에서의 崇實大學」, 『崇實史學』 11집, 1998, 162쪽의 1909~1910학
 년도 대학교과과정(평양숭실대학) 표 참조).

영역	1학년	2학년	3학년	4학년
성경	신약사 1 갈리아서 에베소서 시편 2	소예언서 (이사야) 3 로마서 2	레위기 3 히브리서 2	다니엘서 2 요한계시록 3
수학	대학대수 4	삼각법 2 입체기하 2	측량술 3 해석기하 2	미적분학 3
물리학	열(가을) 3 광(봄)	자기학 전기와 X선 3	정성화학 3	정량화학 3
자연과학	비교동물학	발생학과 생물학	천문학 3	
역사학	미국사 3	영국사	20세기사 3	전기 2
도덕 및 정신과학	윤리학 3 또는 도덕철학	정치 경제 3 또는 교육학	논리학 2	심리학 3
어학	영어 3	영어 3	영어 3	영어 3
웅변·음악	음악 1	웅변 1	변론술	

5 柳永烈, 「韓國 최초 近代大學의 設立과 民族的 성격」, 『한국민족운동사연구』 제
 15집, 서울 : 한국민족운동사연구회, 1997, 96~97쪽.

『大韓每日新報』는「平壤大學校 設立을 祝賀함」이란 기사에서 "근래에 평양 예수교회에서 대학교를 설립하는데, 평양 주민들의 의연금이 답지한다"고 경탄하였다.[7]

이는 당시 대학들의 성격을 살필 수 있는 중요한 근거가 된다. 대학 설립을 위한 지역 주민들의 적극적인 협조, 나아가서 구국이라는 목적을 달성하기 위한 지역민들의 국가의식의 발로였다고 하겠다. 한편 기독교계 선교사들의 역할 또한 매우 중요했다. 선교사들은 전도가 최종 목적이긴 하지만 그 과정에서 한국인의 의식 향상을 위한 방법의 하나로 대학 설립을 지원하였다.

2) 日帝下 敎育政策의 變遷

일제하 한국에서의 고등교육의 변천은 제1차 조선교육령시행기 (1911.8~1922.2), 제2차 조선교육령시행기(1922.2~1938.3), 제3차

---

6 Richard H Baird, *William M Baird of Korea: A Profile*, p.136. "From the beginning presbyterians and methodists had worked side by side in Korea and in Pyengyang, but therehad been no union effort. Dr. Baird sought to break this separation. In the spring of 1905 he attended the Annual Conference of the Methodist Mission in Seoul and laid before them a plan of cooperation in higher education. By this time the Academy was the largest and best equipped high school in Korea. It had graduated it's first class in 1904 and college level classes were already being given. Cooperation would seem to offer advantages to both sides and the Methodists, after some hesitation, finnally came in, thus was set up the Union College of Pyengyang." (『숭실대학교100년사』, 131쪽 재인용)

7 『大韓每日新報』, 1906년 7월 13일자.

(1938.3~1943.4) · 제4차 조선교육령시행기(1943.4~1945.8) 등 세 시기로 구분할 수 있다. 제1기의 경우는 무단통치하에 헌병경찰제를 통한 강압적인 식민지 통치를 펼쳤던 시기로 교육부분에 있어서도 대한제국시대부터 싹트기 시작했던 외국어학교 · 법학교 · 전문학교 등 한국인의 고등교육기관을 철폐하고 전문학교 교육을 통해 실업인을 양성하는 차원에서 전개되었다고 할 수 있다. 제2기에는 3 · 1운동이후 회유정책 내지는 문화정책이 펼쳐지는 시기로 국내 선각자들에 의한 민립대학 설립운동이 전개되었고, 식민지정책의 일환으로 조선총독부 주도하에 경성제국대학이 설립되었으며, 사립 전문학교들이 대학으로 확대 · 개편을 시도한 것이 특징이다. 제3기는 중일전쟁과 태평양전쟁을 치루는 과정에서 전시체제에 맞춘 고등교육 정책을 펴는 시기라고 할 수 있다.[8] 각 시기의 주요 내용을 정리하면 다음과 같다.

(1) 技術人 養性을 위한 專門學校 政策

1911년 제1차 朝鮮敎育令에서는 대학령의 규정이 없었기 때문에 겨우 專門學校 정도로서 그 명맥을 유지하였다. 이는 일제의 식민지 교육정책의 한 방편으로 조선인들에게 학리적 연구를 진행할 수 있는 대학교육보다는 식민지 정책에 동조할 수 있는 실업인 양성이 일차적인 목적이었다. 조선인들에게 학리적 연구를 할 수 있는 기회를 제공하게 된다면 향후 식민지 정책 수행에 상당한 어려움이 발생될지도

---

8 한국대학교육협의회, 『한국고등교육의 역사적 변천에 관한 연구』, 1989, 85~86쪽.

모른다는 예상하에서 펼쳐진 정책이라고 할 수 있다.

제1차 조선교육령의 주요 내용은 첫째, 교육을 통하여 忠良한 국민을 육성한다는 것 둘째, 조선인에 대한 교육은 時勢와 民度에 적합하게 한다는 것 등이다. 당시 총독인 寺內正毅는 各道 內務部長에 諭示를 내리기를 "무릇 조선에서의 교육은 개인이 사람으로서 상응하는 일에 종사하는데 필요한 지식을 부여하여 국가에 대해서 인민으로서 해야 할 의무를 이해시키는 것이 목적이다. 그 이상의 교육은 오늘날 서두르지 않아도 좋다"[9]라고 하였다. 이는 식민지 조선인에게는 고등교육을 실시할 필요가 없음을 시사한 내용이다.

이에 일제는 조선에는 대학이 필요 없음을 주장하며 전문학교 설립을 인가해 주는 방향으로 정책을 선회하였다. 1915년 민도와 고등보통교육의 보급도가 높아졌다는 이유를 들어 전문학교규칙을 공포하고 사립학교규칙을 개정하였다. 이 규칙에 의해 폐지·폐교·개칭·개편·승격·인가 설치된 전문학교는 다음과 같다.

1915.4 普成專門學校(1905)를 普成法律商業學校로 개칭

1915.4 徽新學校 大學科 폐지

1916.4 京城專修學校를 專門學校로 승격

1916.4 京城醫學專門學校 설립(朝鮮總督府醫員附屬講習所에서 승격됨)

1916.4 京城工業專門學校 신설

1916.5 大東法律專門學校 폐교

---

9 寺內正毅, 各道內務部長にたいする 諭示, 明治 45년(1912) 1월(小澤有作, 民族教育論, 東京 : 明治圖書出版株式會社, 1967, 74쪽에서 재인용).

1917.4 延禧專門學校 인가
1917.5 세브란스聯合醫學專門學校 인가
1918.4 水原農林學校의 水原農林專門學校로 승격
1918.6 東洋協會殖民專門學校 京城分校를 東洋協會 京城專門學校로
       조직 개편(관립)

실례로 元杜尤(H. G. Underwood)에 의해 설립된 延禧는 조선총독부가 1915년 3월 전문학교 교칙을 공포하던 그 해 4월에 중앙기독청년회관(YMCA)에서 儆新學校 大學部라는 이름으로 개강하였다. 원래 이 학교 역시 총독부에 대한 교섭은 대학을 목표로 하였지만 총독부는 대학령이 없다는 구실로 1917년 4월 7일에 私立 연희전문학교란 이름으로 인가해 주었던 것이다. 이때 인가된 학과는 文科・商科・農科・神科・數學・物理學科・應用化學科 등 6개과 였다. 학교의 규모로 보아서는 大學과 동등한 수준이었지만 실제로는 학문적인 연구가 수반된 대학으로 보기는 어렵다. 실제 교과 구성이 대체로 실용학문 위주로 편성되었으며 또 경신학교 대학부로의 인가를 요청한 것에 대해 私立 연희전문학교로 승인한 것에서도 알 수 있다.

제1기의 경우는 식민지정책에 부응할 수 있는 인재의 양성에 적극적이었다고 할 수 있다. 의학・공업・농업・상업 등 실제 생활에 유용한 학문분야만을 교육하였으며 교과목 역시 학문적인 탐구 보다는 실제 기능인 양성을 목적으로 편성되었다고 할 수 있다.

(2) 民立大學 設立運動과 京城帝國大學 設立

① 민립대학 설립운동

일제의 교육정책은 1919년 3・1운동 이후에 약간의 변화를 가져왔

다. 각급학교의 수업연한, 입학연령, 교육내용을 일본 국내 수준과 동일하게 하거나 대학과정 및 예비교육을 실시하고 사범학교를 설치하는 등 문화통치라는 미명하에 교육면에서 전문교육과 대학교육 및 사범학교에 대한 정책을 실시하였다.

일제는 대학설립 자체를 근원적으로 부정할 수 없었기에 대학 설립과 그 운영이 자신들의 통치의도가 관철되는 방향으로 추구하게 되었다. 우선 일본은 타협안으로 1920년에 日本東洋大學 分校를 서울에, 다시 1922년에는 日本帝國女子專門學校의 분교설치를 齊藤實총독에게 의뢰하였다. 아울러 총독부에서는 1922년에 서울에 京城帝國大學을 설립하고자 하였다.[10]

총독부의 이런 조치는 3·1운동과 함께 이전부터 추진되어 온 조선인들에 의한 민립대학 설립운동에 자극을 받아 이루어진 것이다. 원래 민립대학 설립운동은 3·1운동 후에 민간인에 의한 교육진흥운동이기도 했지만, 이미 한말의 國債報償運動 당시부터 시작되고 있었다.[11]

국채보상운동은 통감부 개설 이후 1906년 정부의 借款 1,300만 원에 대한 국민적인 보상운동이었다. 1907년 1월 大邱의 徐相敦·金光濟 등이 발안한 이 운동은 전국적인 호응을 받았으나, 1910년 합병이 되면서 중지되었다. 이에 방향을 바꾸어 당시 모은 자금으로 민립대학 설립이 추진되었던 것이다. 民立大學期成會가 조직되었고 대학 설

---

10 손인수, 『미군정과 교육정책』, 서울: 민영사, 1992, 177쪽.
11 손인수, 『韓國近代敎育史 — 韓末·日帝治下의 私學史硏究』, 서울 : 연세대학교 출판부, 1971, 176쪽.

립에 대한 일체의 업무는 洪性偰·曹晚植이 담당하였다. 이들이 전국에서 모은 600만 원으로 낸 대학설립 인가신청은 寺內총독에 의하여 거부되었다. 비록 거부는 되었지만 이 민립대학 설립 운동은 해방 직후에도 각 지방에서 동일한 방식으로 계승되었다는 점에서 중요한 의미를 지니고 있다. 미군정하에서도 각 지방에서 교육열을 반영한 대학기성회가 조직되었고 이를 통한 대학 설립 운동이 활발하게 이루어졌다.

민립대학 설립 운동이 1919년 3·1운동을 계기로 하여 다시 민중운동으로 일어나게 되었고 일제는 근원적으로 이를 저지할 수 없음을 알고 대책 마련에 부심하였다. 대학 설립은 단순히 학문 활동의 장을 건설하는 것만이 아니라 조선을 이끌어 갈 근대적 전문인 양성이라는 면에서 중요한 사안이었다. 여기서 교육받은 근대적 전문인들이 일본 식민지체제를 부정하고 조선의 독립을 주장하는 일제 반대세력으로 등장한다면 일본의 입장에서는 크나큰 위협이 되기 때문이다.

민립대학 설립운동이 점차 확산됨에 따라 민족 지도자들은 朝鮮教育協會 내에서 실행위원회를 열었다. 조선일보와 동아일보에서는 이 구동성으로 민족교육의 최고기관인 대학이 이 땅에 없다는 것은 민족 발전에 크나큰 손실일 뿐만 아니라 민족의 장래를 위해서도 민립대학이 반드시 있어야 한다는 논지를 특필하면서 후원하였다. 그 중에서 『동아일보』는 「民立大學 必要를 提唱하노라」라는 社說에서 다음과 같이 논하였다.

> 日 樞密院을 통과한 朝鮮教育令에 의하면 實業教育, 專門教育, 大學教育은 日鮮人이 總히 日本 內地의 實業教育令, 專門學校令, 大學令에 의할 事를 규정하였은즉, 在來 大學教育이 점차로 발달의 機運에 向할 것은 물

론이다. …… 然則 大學敎育에 대하여 특히, 民立大學을 제창하는 소이는
무엇인가? 대개 官立大學과 民立大學에 代하야는 그 정신에 자연히 차이
가 生하나니 官立에 在하여 관료주의가 발호하고, 民立에 在하여 민주주
의가 발생하는 것은 일본의 실례가 역역히 증명하는 바에 且 眞理의 연구
는 자유를 절대의 생명으로 하는 것이라. 그러나 官立에 대하여는 此 自由
를 요구치 못할 것이니 朝鮮에 在하여 事實은 사실대로 眞理는 진리대로
연구하야서 실로 人生 生活의 大路를 照明하는 烽火를 擧하려 하면 불가
불 民立大學에 此를 구할 수 밖에 無하도다…12)

『동아일보』의 논지는 현재 대학설립에 관한 제 법령이 제정되고 그
에 따라 대학설립이 하나의 기정사실이 되어 가고 있음을 설파하고
있는 것이다. 논지의 핵심은 관립대학이 아닌 민립대학의 중요성에
대한 강조에 있다. 이는 위에서 말한 대로 관립대학의 문제인 관료주
의의 횡행이 문제가 아니라 그 내면에는 일제의 통치운영에 맞는 대
학설립보다는 민족의 자주성을 키울 수 있는 민립대학을 요구하려는
것이었다. 그에 따라 『동아일보』는 근대 대학설립의 목적으로 흔히
운위되는 '자유로운 진리 탐구'를 명분으로 내세웠다.
　민립대학 설립운동이 가시화되면서 1922년 11월에 李商在를 대표
로 玄相允 · 崔奎東 · 李鍾勳 · 鄭大鉉 · 高元勳 · 韓龍雲 · 李昇薰 · 姜
邁 · 許憲 · 張斗鉉 · 宋鎭禹 · 張德秀 · 李相協 · 任璟宰 · 張庸震 · 鄭
魯湜 · 崔麟 · 洪性偲 · 李甲成 · 白南奎 · 薛泰熙 · 金一善 · 朴熙道 ·
吳鉉玉 · 兪星濬 · 朴勝鳳 · 李種駿 · 李光鍾 · 金佑鉉 · 申明均 · 李時
琓 · 李奉和 · 李鉉植 · 金貞植 · 崔淳鐸 · 姜仁澤 · 明以恒 · 高龍煥 ·

12 『동아일보』, 1922년 2월 3일자 사설.

姜濟模·兪鎭泰·南宮薰·韓仁鳳·洪悳裕·金炳魯·張道斌 등이 발기인으로 참여하여 朝鮮教育協會에서 '朝鮮民立大學期成會'가 결성되었다.

당시 지도적 위치에 있는 많은 인물들의 참여에서 볼 수 있는 특징은 교육에 대한 관심과 함께 민족운동으로서의 '실력양성'에 유의하였음을 보여주고 있다. 그 중 현상윤·최규동·장덕수는 후일 해방 이후의 미군정 하에서도 대학 운영이나 교육정책 수립과정에서 많은 활약을 하게 된다.

이들 집행위원들은 전국에서 민립대학 취지를 선전하고 발기인을 모집하기 위해 활동하였다. 이들의 활동이 진행되면서 1923년 1월 9일에는 '謹告 二千萬父母兄弟姉妹'라는 표제로 3개항의 발기인 선발 요령을 전국 각 지방에 발송하여 총회 준비를 서둘렀다.

전국 각지에서의 커다란 호응과 함께 1923년 3월 29일에 중앙청년회관(YMCA)에서 '朝鮮民立大學期成會發起總會'가 개최되었다. 이 대회에는 각지의 발기인 1,070명 가운데에서 462명이 참가하였다. 이 날 선출된 중앙집행위원은 앞서 말한 대개의 인물이 포함되면서 30명으로 구성되었다.

3일간 계속된 발기 총회에서 첫날 발표된 발기 취지서에는 대학설립의 목표가 잘 제시되어 있다.

… 그런데 晚近 數 3年 이래로 각지에 向學이 울연히 勃興되어 學校의 설립과 교육의 시설이 頗히 可觀할 것이 多함은 실로 吾人의 고귀한 자각으로서 生來한 것이다. 一體로 서로 慶賀할 일이나, 그러나 유감되는 것은 우리에게 아직도 大學이 無한 일이다. 물론 官立大學도 不遠에 開校될 터인 즉 大學이 全無한 것은 아니나, 그러나 半島文運의 장래는 결코 一個의 大學으로 만족할 바 아니오, 또한 그처럼 중대한 사업을 우리 민중이 직접

으로 營爲하는 것은 차라리 우리의 義務라 할 수 있도다. 그러므로 吾等은 茲에 感한바 有하여 감히 萬天下 同胞에게 향하여 민립대학의 설립을 제창하노니 형제자매는 來하며 贊하여 進하여 成하라.[13]

이 취지문에서 『동아일보』는 당시 각 지역 교육열에 대해 설명하고, 학교 설립 특히, 대학의 중요성을 설파하고 있으며, 무엇보다 대학설립 사업을 민중의 의무라고 보면서 민립대학 설립을 강조하였던 것이다.

민립대학 발기총회에서 의결을 본 내용은 제1기에는 자본금 400만 원으로 대지 5만 평을 사서 교실 10동과 대강당 1동을 짓고, 한편으로 교수를 양성하기로 하고 법과 · 문과 · 경제과 · 이과의 4과를 두게 하였다. 제2기 사업계획은 300만 원으로 공과를 신설하고 이과와 기타 각 과를 충실히 하는 것에 목표를 두었다. 제3기 사업은 자본금 300만 원으로 의과와 농과를 설치하도록 목표 삼았다.[14]

이 계획은 명실공히 종합 민립대학으로서 면모를 갖추어 가려는 사업이었다. 공과와 의과 · 농과와 같은 기술계통의 학문추구보다는 일차적으로 법과 · 문과 등과 같은 기초학문과 사회운영에 필요한 학문을 우선적으로 설치하려 했다는 특징이 있다. 이는 식민지 하에서 필요한 민족주의적 의식을 지닌 지사적 전문인 양성을 목표로 하고 있음을 보여준다.

발기총회 후에 민립대학기성회가 조직되면서 일차적으로는 지방부를 조직하여 자본금 1천만 원을 모금하려 하였다. 1923년 4월 2일

---

13 『동아일보』, 1923년 3월 30일자.
14 손인수, 위의 책, 1992, 183쪽.

에 민립대학 제1회 중앙집행위원회가 개최되었으며, 4월 18일에는 중앙기독청년회관(YMCA)에서 제1차 선전 강연도 있었다.

1923년에는 전국 각지에서 민립대학기성회 지방부가 조직되었다. 이 해 5월부터는 민립대학기성회 순회위원이 발족되었는데, 평안도는 曺晩植·李昇薰, 황해도는 洪性偓, 충청도는 兪星濬이 담당하였다. 당시 조직된 민립대학기성회 지방부는 약 100곳이었다. 설치된 지역을 대체로 살펴보면 아산·공주·황주·함흥·평강·진주·안성·廣州·신의주·김제군·강서·光州郡·함흥군·상주군·옥천·홍원·철원·선천·맹산·보성군·초산군·진남포·송화·양평 등이다. 국외에서도 이 운동은 전개되었는데, 만주 봉천·하와이 등과 같이 동포가 많이 사는 곳에서도 민립대학기성회 지방부가 조직되었으며 확인된 민립대학기성회 지방부 설립현황은 아래 〈표 1〉과 같다.

〈표 1〉民立大學期成會 地方部 設立現況

郡名	設立日	根據 (東亞日報 揭載日)	郡名	設立日	根據 (東亞日報 揭載日)
定州	1923.4.8	1923.4.20	陽德	?	1923.5.27
松禾	?	1923.5.11	密陽	1923.5.23	1923.5.28
平山	1923.5.25	1923.5.13	河東	1923.5.20	1023.5.28
平壤	1923.5.14	1923.5.13	堤川	?	1923.5.29
江西	1923.5.17	1923.5.22	驪州	?	1923.5.30
金堤	1923.5.13	1923.5.22	沃川	?	1923.5.30
甕津	?	1923.5.23	論山	1923.5.21	1923.5.30
博川	?	1923.5.23	江華	1923.5.28	1923.5.31
平原	1923.5.19	1923.5.25	尙州	?	1923.5.31
咸興	1923.5.20	1923.5.25	鐵原	1923.5.26	1923.5.31
瑞興	1923.5.15	1923.5.26	孟山	1923.5.15	1923.5.31
長淵	1923.5.21	1923.5.27	會寧	1923.5.20	1923.5.31

* ?는 당시 동아일보에 지방부 설치기사만 게재되고 설립일자는 게재되지 않은 것임

조선총독부는 조선인들의 민립대학 설립운동에 당황하여 처음에는 京城醫學專門學校를 朝鮮醫科大學으로 혹은, 日本東洋大學 分校로서 朝鮮民立大學의 설립을 허가해 주겠다고 하였으나 실행되지는 못하였다. 일제는 이 운동에 대한 방해 공작을 하였으며, 이 시기에 있었던 몇 차례의 천재지변은 자금을 모으는데 장애가 되었다. 즉 1923년 전국에 대홍수가 발생해 많은 이재민이 나왔고 1924년에는 남부지방에 극심한 旱災가 발생했으며, 7월에는 다시 대홍수가 일어났다. 이로 인해 민립대학기성회 1주년인 1924년까지 모인 돈은 1천만 원 목표액 중에서 1백만 원에도 미달하였다.

실패한 결정적 원인은 조선총독부가 관립대학인 京城帝國大學을 한국에 세우는 것을 명분으로 하여 민립대학운동의 불가를 내세웠던 점에 있었다.[15)]

이렇게 민립대학 설립운동이 일단 실패로 돌아갔으나 1926년에 이 운동은 다시 재개되었다. 이 운동 역시 총독부의 압력과 자금난 때문에 실패로 끝났다. 이에 민족주의 계열의 인사들은 각자 민립대학 설립을 위해 개별적으로 노력하였다.

우선 민립대학기성회 중앙집행위원이던 李昇薰은 平北 定州의 五山學校를 확장하여 농과대학을 세우려고 하였다. 그는 재단법인을 만들기 위해 宣川에서 吳致殷을 만났으며 농과대학의 설립을 위해 오산학교 과목에 농과 과목을 많이 넣게 하였다. 이후 이승훈은 1926년에 농과대학 설립 인가를 총독부에 신청했으나 인가는 나지 않았다.

민립대학기성회 회금보관위원인 金性洙는 따로 민립대학을 만들

---

15 정선이, 「경성제국대학의 성격연구」, 연세대학교 대학원 박사학위 논문, 1998.

려고 歐美의 대학을 시찰하고 돌아왔다. 총독부는 조선인에게 대학설치를 허가해 주지 않았으며 그는 당시 재정난에 빠진 普成專門學校를 인수하여 안암동에 교사를 신축하였다. 이후 김성수는 1940년 경에도 보성전문학교를 민립대학으로 승격시키려고 했으나 역시 총독부의 반대로 실패하였다.

② 경성제국대학의 설립

조선총독부는 민립대학 설립운동의 민족적 열기를 무마하기 위해 1923년 5월 京城帝國大學令을 공포하였다. 경성제국대학(이하 경성제대)은 원래 이 해에 개교하려고 했으나 일본 국내에서의 반대로 1924년에야 문을 열 수 있었다. 기존의 민족주의적 숭실학교 · 이화학당 · 경신학교 대학부는 1925년까지 전문학교로 축소 · 개편하여 민족교육을 억압하였다.[16]

총독부는 학교 이름을 '朝鮮帝國大學'이라고 붙여서 일본 국회에 제출하였는데 이 이름을 가지고 논란이 빚어져 시간을 끌었다. 결국 지역이름을 붙여 京城帝國大學이 되었다. 우선 1924년에 豫科를 모집하였고, 1926년에 法文學部와 醫學部를 개설하였다.

학부선정 과정에서 의학부를 두는 것에는 이의가 없었지만 이공학부를 두지 않고 법문학부를 둔 것에는 많은 異論이 제기되었다. 법문학부를 둔 이유는 우선 조선민중은 法律 · 經濟 · 政治 방면에는 관심이 많았으나 理 · 農 · 工 등 자연과학 방면은 극히 소홀하였기 때문이다.[17] 법문학부는 당시 일본의 東京帝國大學과 京都帝國大學에 이어

---

16 숭실대학교,『숭실대학교100년사』, 1997.
17 大野謙一,『朝鮮敎育問題管見』, 朝鮮敎育會, 1936, 143쪽.

東北帝國大學에는 이미 설치되어 있었고 九州帝國大學에도 1925년부터 설치되기로 되어 있었기 때문에 京城帝國大學에도 법문학부를 두어야 한다는 것이다.

이에 대하여 손인수는 법문학부와 의학부 등을 먼저 설치하기로 한 것은 식민지 정책상 이익이 되기 때문이라고 보았다.[18] 원래 정형화된 의학교육이나 법학교육에는 온전한 자유주의 사상이나 민권운동이 일어날 수 있었다고 간주했기 때문이라는 주장이다. 이공학부를 두지 않은 것은 寺內총독 때의 교육방침처럼 조선인에게 과학과 고등기술에 관한 이론적 교육을 실시하지 않으려는 정책 때문이라고 하였다.

이 주장은 일견 타당하지만 경성제대 내의 학부는 '법학부'만이 아니고 '법문학부'로 되어 있다. 말하자면 문학·철학·역사 등의 연구가 포함되어 있으며 이는 법학과는 다르게 획일화한 교육을 할 수 없는 것들이다. 따라서 손인수 교수의 주장은 일리가 있지만 완전히 타당한 것은 아니다.

총독부의 의도는 고등기술과 과학에 관한 이론적 교육을 시행하지 않으려는 가능성도 있으며 이공학부는 시설 투자비 등이 법문학부보다 많이 소요되기 때문에 그 설치 순위에서 보다 뒤로 밀렸을 가능성이 크다. 그에 반해 문학·철학·역사·법학 등의 법문학부의 설치는 조선인들에 대한 역사·문화·법에 대한 연구가 사실상 식민통치와 직·간접적으로 연결되어 있었기 때문이다. 일본인 학자들은 조선 합병 이전부터 철저하게 조선인들을 연구하고 있었으며 합병후에도 이

---

18 손인수, 앞의 책, 1992, 190쪽.

런 경향은 계속되었다. 조선역사에서의 정체성론·타율성론·당파성론 등과 같은 의도적인 민족특성에 관련된 왜곡된 시각도 이런 연구로 인해 가능했던 것이다. 법문학부는 조선인의 열등감과 식민통치의 합당함을 위한 여러 연구에 반드시 필요한 존재였다. 의학부는 물론 의료 부분에서의 수요에 대한 이유라는 점에서 당연한 것이었다.

경성제국대학의 설립목적은 大學令 제1조에서 다음과 같이 말하고 있다.

> 대학은 국가에 須要되는 학술의 이론 및 응용을 교수하고 아울러 그 蘊奧를 攻究함을 목적으로 삼고 겸하여 인격의 도야와 國家思想에 유의하여야 한다.

여기서 말하는 '국가사상'은 일본군국주의의 나아갈 바를 의미하고 있는 것이다. 대학의 기능이 학문 탐구에 있는 것이 아니라 국가 아래의 부속기관으로서 역할을 수행하는 쪽에 둔다는 것이었다. 이 점은 태평양 전쟁이 시작된 이후 다음과 같이 그 조항이 바뀌어 명시되었다.

> 대학은 국가에 須要되는 학술의 이론 및 응용을 교수하고 아울러 그 蘊奧를 攻究함을 목적으로 하고, 특히 皇國의 길에 입각하여 國家思想의 함양 및 인격의 도야에 유의함으로써 국가의 柱石이 될 만한 忠良有爲의 皇國臣民을 鍊成하는데 힘쓴다.

이처럼 국가사상 함양 및 국가의 주석이 되어야 함을 분명히 밝히고 있다. 皇國臣民으로서 忠誠을 보증하는 인물을 양성하는 것에 무게를 두고 있음을 의미하고 있으며 이것이 국가사상이 가장 중요한 핵심임을 잘 설명하고 있다. 대학은 사실상 진리 탐구보다는 군국주의사상에 종속되는 연구 즉 조선의 경우에는 식민지인으로서 日本 天皇에게 충성을 다할 인물을 길러내는 곳으로 삼으려 한 것이다.

이를 경성제국대학에 분명하게 제시한 服部宇之吉은 대학의 사명을 다음과 같이 말하였다고 한다.

> 조선의 연구를 행하여 동양문화 연구의 권위가 되는 것이 本大學의 使命이라고 믿고, 이 사명을 수행하려 하는 데는 日本精神을 원동력으로 하고 日新의 學術을 利器로 하여 나아가지 않으면 아니된다. … 오늘날은 國際主義의 시대요 國家主義의 시대가 아니라고 하는 사람이 있으나, 그것은 너무나 잘못된 생각이다. 국가주의는 Nationalism, 국제주의는 Internationalism이니, 후자는 정확히 말하면 국제 협동주의다. 이 주의는 國家主義를 전제로 한 것이다.19)

위에서 살펴보았듯이 경성제대의 설립목적이 국가주의 다시 말하여 일본제국주의의 고양을 전제로 하고 있음을 분명히 하고 있으며 그 내용은 일본정신을 바탕으로 한 학술 발전임을 잘 보여 주고 있다. 조선에 대한 연구가 왜 일본정신을 바탕으로 하여야 하는지는 말할 필요도 없을 것이다. 그것은 조선연구가 식민지 조선인의 동화를 위한 목적 즉 日鮮同祖와 같은 형태의 목적을 취하고 있음을 분명히 한 것이다.

---

19 高橋濱吉,『朝鮮敎育史考』, 帝國地方行政學會 朝鮮本部, 1927, 490~491쪽 재인용.

이를 반증하는 것으로 경성제대 내에서 조선인을 위한 학문적 연구의 자유가 허용되지 아니하였다. 이는 조선인의 자유주의 사상이나 독립사상을 고취할 연구를 막는데 그 목적이 있었다.[20] 아울러 경성제대는 조선인 학생들의 입학을 극도로 제한하였다. 조선인 학생들의 입학을 표면적으로는 실력경쟁을 가장하여 정원의 50% 내지 70% 이내만 합격시켰다. 이 정원의 비율은 특히 법문학부나 의학부보다는 이공학부에서 그 학생 수 비율이 현격히 차이가 났다. 다시 말해서 이공학부에서는 일본학생의 비율이 현격하게 많았던 것이다.

馬越 徹은 경성제국대학의 설립요인으로 첫째, 총독부의 정책전환 둘째, 3·1운동 이후 조선인의 교육열에 대응 셋째, 문화정치 하에서 조선인 무마 넷째, 재조선 일본인의 고등교육기관 설치요구에 부응하기 위한 것으로 주장하고 있다.[21]

이처럼 경성제국대학은 결국 일본의 식민지 정책에 호응하는 인재 양성을 목적으로 한 교육기관이었으며, 엄밀하게 자유로운 학문탐구의 전당으로서의 역할을 하는 근대 대학의 본연의 형태는 아니었다고 할 수 있다. 경성제대는 '內鮮一體'·'日鮮同祖論'의 이념을 뒷받침하는 것을 주기능으로 하는 성격의 대학이었다.

③ 사립전문학교의 대학으로의 확대·개편 시도

1922년 제2차 조선교육령에서는 새로이 대학교육령이 추가됨으로

---

20 손인수, 『韓國近代教育史 －韓末·日帝治下의 私學史 研究』, 서울 : 연세대학교 출판부, 1971, 191쪽.
21 馬越 徹, 『韓國近代大學の成立と展開』, 名古屋 : 名古屋大學出版部, 1995(한용진 역, 서울 : 교육과학사, 2001).

인해 이화학당은 당초의 계획대로 기독교 연합대학으로 발족할 준비를 시작하였다. 이에 관해 『동아일보』는 「女子大學의 必要」라는 제목으로 다음과 같이 말하고 있다.

… 吾人은 女子의 解放과 文明의 공헌은 그 敎育으로부터 시작하여야 한다 하며, 그 교육에 대한 기회를 충분히 제공함으로부터 實現이 되리라 하노니, 교육은 一種의 光明이오 權能이라. 그 女子의 價値를 分明히 하고 그 所持한 能力을 啓發 展開하는도다. 敎育就中에도 高等敎育 專門敎育이 필요하니 普通敎育 單한 그 常識으로서 어찌 人生의 최고 능력을 발전할 수가 있으리오. 敎育이 光名이오 權能이오, 이와 반대로 實로 無知가 無力 無能한 것이 사실이라면 우리 朝鮮女子에게 대하여서도 충분히 교육의 기회를 제공하며 더우이 高等專門의 敎育을 제공하라. 이와 같이 하여 그 人生的 意義와 價値를 충분히 발휘케 하며, 이와 같이 하여 그 완전한 해방을 완성케 하라. 實로 이는 朝鮮女子의 행복뿐이 아니라, 민족전체의 向上이오 발전이로다. 近來 朝鮮에 在住하는 西洋 宣敎師 간에 더우이 구체적으로는 梨花學堂 경영자 간에 朝鮮의 女子를 위하여 大學의 완성을 計劃하는 喜報를 仄聞한 바, 吾人은 玆에 그 女子의 解放과 貢獻에 대한 切實한 關係를 論하야 그 1日이라도 속히 實現되기를 希望하노라.[22]

이처럼 이화학당이 여자대학으로, 경성의학전문학교와 법학전문학교가 대학으로 승격을 해야 한다는 여론이 높아지자 총독부 학무국장인 長野는 「專門學校 昇格運動에 就하여」라는 담화를 발표하였다.

---

22 『동아일보』, 1923년 2월 25일자 社說.

… 일반이 周知함과 如히 日本에서도 各種 專門學校가 大學으로 승격
되어 금일에는 日本의 官立專門學校는 一校도 無한데, 여사한 관계상 朝
鮮도 此에 倣하야 決行함이 可하다는 說이 有함과 如하나, 日本에서도 熱
望하여 昇格한 者 중에 곤란과 불편을 感하는 者가 多한 모양이라. 朝鮮에
서는 大히 其趣가 異함을 思考치 아니함을 不可한 바이요, 又 朝鮮大學은
全혀 別個의 者로 大學의 계획을 進步한 것이고 專門學校 정도를 승격케
하여 大學을 설치함과 如히 出發한 것이 아니라, 현재 專門學校는 專門學
校로서 內容의 충실을 圖하여 初期의 目的을 達함에 노력치 아니함이 不
可할지요, 朝鮮의 現狀에 감하여 전문학교는 더욱 필요를 感하여 存置할
바인 즉 大學 設置와 관련하여 昇格說을 제창함과 如함은 見害가 근본적
으로 相違된 것이라 思한다.[23]

　　담화문의 내용은 조선의 실정은 전문학교가 맞는 것이지 대학설치
가 안 된다는 것이었다. 그러한 명분은 일본의 사례와 함께 專門學校
나름의 충실성을 꾀하는데 무게를 두어 대학으로의 승격에 반대 입장
을 밝히고 있다. 결국 이화학당은 대학 승격 계획을 포기하고 1925년
3월 1일 재단법인 미국감리회 조선부인 선교부 유지 재단이사인 홀
(Miss Ada B. Hall)의 이름으로 梨花女子專門學校로 인가를 받게 되
었다.

　　이러한 분위기 속에서도 일제 강점 하에서 사립 전문학교는 점차
대학으로 발돋움하려고 노력하였다. 원래 조선 내 선교단체 연합회의
에서는 고등교육 기관으로 3개의 기독교 연합대학을 설치하려고 했
었다. 즉 서울에 2개 대학(1개는 여자대학), 평양에 1개 대학을 세우

---

23 『동아일보』, 1923년 7월 16일자.

기로 결정한 것이다.

1922년 2월 제2차 조선교육령 속에 대학령이 공포됨에 따라 선교사들은 연희전문학교와 세브란스 醫學전문학교 및 협성신학교를 중심으로 하여 서울에 완전한 종합대학을 설립하고자 계획하였다. 당시 延專과 世醫專 兩校의 교장이던 魚丕信(O. R. Avison)과 延專의 부교장 元漢慶(H. H. Underwood)은 1926년 3월까지 자금을 모으기 위해 미국으로 건너갔다.

하지만 총독부는 조선에서의 고등교육 억제책에 따라 경성제국대학을 제외하고는 모든 사립학교를 허가하지 않을 방침을 갖고 있었다. 이에 따라 연희전문학교를 위시한 전문학교들의 종합대학 승격은 좌절되고 말았다.

(3) 戰時體制를 위한 專門學校 政策强化

일제는 식민지 교육방침을 위해 조선에서의 대학설립을 억제하였으며 단지 일제 교육이념인 군국주의에 충실한 경성제국대학만을 두어 식민지 통치에 적합한 엘리트집단을 조성하려 하였다. 이들은 민립대학 설립운동을 좌절시키고 나아가 기독교계통 학교의 성장을 최대한 억압하려 했었다. 심지어 일제는 태평양 전쟁이 발발하자 사립학교인 연희전문은 敵産으로 몰수하였다.

일제는 1937년 중일전쟁, 1943년 태평양전쟁을 일으키고는 식민지 정책의 기본노선을 대륙침략전쟁을 위한 조선의 병참기지화로 전환하면서 교육계에 있어서도 같은 방향으로 정책의 전환을 꾀했다. 즉 제3·4차 교육령시행기에 있어서 일제의 고등교육의 기본 정책은 고등교육기관을 전시체제로 전환하여 이공계 학과의 증설을 꾀하였다.

조선총독부는 〈대학령〉과는 별도로 〈대학규정〉을 만들어 조선에서의 고등교육 억압을 강화하는 한편 '忠良한 황국신민을 練成'하는데 교육의 목표를 설정하였다.[24] 이공계 학과의 신설을 통해 중국대륙침략전쟁과 태평양 전쟁 수행에 필요한 기술 인력을 충당하려 하였다.

1943년 일제는 조선교육에 관한 제 법령을 전시체제로 전환하는 내용의 법령을 공포하기에 이르렀으니 이를 연도별로 보면 다음과 같다.[25]

1943.4.26	戰時學徒體育訓練實施要綱
1943.6.25	戰時動員體制確立要綱
1943.10.12	敎育에 관한 戰時非常措置方策
1943.10~1944.4	敎育에 관한 戰時非常措置方策에 따른 專門學校의 校名改稱
1943.10.20	學兵制
1943.10.20	學徒軍事敎育要綱 및 學徒動員非常措置要綱
1944.4.	學徒動員體制 整備에 관한 訓令
1944.4.28	學徒動員本部規定
1944.8.23	學徒勤勞令
1944.10.30	學徒勤勞令施行規則

---

24 대학규정 제1조를 보면, "대학은 국가에 須要한 학술의 이론 및 응용을 교수하고 아울러 그 蘊奧를 공구하며, 특히 皇國의 道에 기초하여 국가사상의 함양 및 인격의 도야에 유의함으로서 국가의 柱石다움이 될 수 있는 忠良有爲한 皇國臣民을 練成하는데에 힘쓴다"라고 규정하였다(鄭在哲, 『日帝의 對韓國植民主義 敎育政策史』, 一志社, 1985, 461쪽 참조).

25 한국대학교육협의회, 위의 책, 1989, 191~192쪽.

1945.1.18	緊急學徒勤勞動員方策要綱
1945.2.4	學徒軍事教育强化要綱
1945.3.7	決戰非常措置要綱에 근거한 學徒動員實施要綱
1945.3.18	決戰教育措置要綱
1945.5.22	戰時教育令

위의 사실로 볼 때 조선인에 대한 교육을 전시체제로 전환함을 의미하며 이공계 증설과 전문학교 교육의 강화를 통해 '충량한 황국신민'을 양성하기 위한 철저한 방책임을 보여주고 있다. 제 법령의 공포과정을 보면 정상적인 학교교육을 시행하기보다는 군사훈련장으로 인식하는 경향이 강하다.

일제는 식민지 조선인에 대한 교육을 전시체제로 전환하면서 기존의 고등교육기관들을 전문학교로 개편하거나 또는 이공계 학과의 신설을 추진하였다. 1943년 10월 12일 閣議 決定인 〈교육에 관한 전시비상조치방책〉의 내용 중 대학 및 전문학교 관련 사항을 살펴보면 다음과 같다.[26]

① 대학 및 전문학교는 징병연령에 달하지 않은 자 및 입영연기의 조치를 받은 자 등에 대한 수업은 계속한다.
② 이과계의 대학 및 전문학교는 이를 정비·확충함과 동시에, 문과계의 대학 및 전문학교의 이과계로의 전환을 도모한다.
③ 문과계의 대학 및 전문학교는 징집유예의 정지에 수반한 수업상의 관계 및 방공상의 견지에 따라 필요가 있을 때에는 적당한 장소로 이전·

---

26 한국대학교육협의회, 앞의 책, 1989, 192쪽.

정리한다.

　사립의 문과계의 대학 및 전문학교에 대해서는 교육내용의 정비·개선을 도모함과 동시에 상당수의 대학은 전문학교로 전환시키고 전문학교의 입학정원은 대체로 종전의 2분의 1정도가 되도록 통합·정리한다.

　④ 여자전문학교는 전항의 정리방침의 예외로 하고 교육내용은 남자의 직장에 대신할 수 있는 직업교육을 실시하기 위해서 필요한 개정을 한다.

　위의 내용을 요약하면 이공계의 고등교육을 강화하고 문과계의 고등교육내용을 전쟁수행에 알맞도록 정비·개선하며 여학생의 노동력 착취를 위하여 직업교육을 실시하는 등 전쟁준비를 위한 교육체제로의 전환을 시도하고 있는 것으로 판단된다.

〈표 2〉 일제하 대학 및 전문학교의 설립·개칭·전환 현황(1911~1945)[27]

연도 구분		제1차 교육령 시행기 (1911~1922)	제2차 교육령 시행기 (1922~1938)	제3차 교육령 시행기 (1938~1943)	제4차 교육령 시행기 (1943~1945)
대학	관립		경성제국대학 예과 (1924), 법문학부(1926), 의학부(1926)	이공학부의 증설(1941)	
전문학교	관립	경성법학전문학교(1916)			경성경제전문학교로 통합(1944)
		경성의학전문학교(1916)			
		경성공업전문학교(1916)	경성고등공업학교로 개칭(1922)		
		수원농림전문학교(1918)	수원고등농림학교로 개칭(1922)		수원농림전문학교 (1944)
				경성광산전문학교(1939)	
				부산고등수산학교(1941)	부산수산전문학교(1944)

27 한국대학교육협의회, 앞의 책, 1989, 195쪽.

공립		경성고등상업학교 (관립)로 전환(1922)		경성경제전문학교로 통합(1944)
		대구의학전문학교(1923)	.	
사립		평양의학전문학교(1923)		
	세브란스연합의학 전문학교(1917)		아사히의학전문학교로 개칭(1942)	
	연희전문학교(1917)			경성공업경영 전문학교로 전환(1944)
		보성전문학교(1922)		경성척식경제 전문학교로 전환(1944)
		숭실전문학교(1925)	폐교(1939)	
		이화여자전문학교(1925)		이화여자청년연성소지도 자양성과로 전환(1943)
		경성치과의학 전문학교(1929)		
		경성약학전문학교 (1930)		
		중앙불교전문학교 (1930)	혜화전문학교로 개칭	1944년 5월 폐쇄
			명륜전문학교(1942)	청년연성소로 전환 (1943)
			경성여자의학전문학교 (1938)	
			숙명여자전문학교 (1939)	숙명여자청년연성 소지도자양성과로 전환(1943)
			대동공업전문학교(1938)	

이에 고등교육기관의 대폭 개편이 추진되어 대부분의 대학들이 전문학교로 개편되고 이공계 과가 신설되는 형태로 바뀌었다. 실제로 경성제국대학은 문과 정원을 감소시키면서 이과 정원을 증설하였고 기존 이과계 설치 전문학교의 학생 정원을 증설하는 한편 학교 신설 또한 적극 추진하였으며 문과계 사립 전문학교를 이과계 전문학교로

전환 조치하였다.[28]

1911년부터 1945년까지의 대학 및 전문학교의 설립·개칭·전환 과정을 보아도 제3·4차 교육령 시행기의 고등교육정책은 전시를 대비한 교육체제로의 전환과 이과계 확충으로 나타났다.

이상에서 살펴본 바와 같이 제3·4차 조선교육령 시기의 일제 고등교육 정책은 일제 초기부터 실시되었던 구조적인 전환을 시도했던 것이 아니라 시세 변화에 잘 적응 할 수 있도록 정책을 변화시키는 정도였다. 1930년 후반에는 전시체제에 적합한 교육 체제를 구축함과 동시에 이과계 증원, 사립 전문학교의 명칭 개칭, 여자전문학교의 練成所指導者養成科로의 개편 등이 추진되었다.

2. 美軍政의 大學敎育政策

1) 美國의 敎育政策 導入

미군정은 3년도 안 되는 짧은 기간 동안 이루어진 것이지만 한국사회의 정치·경제·사회·문화에 많은 영향을 끼치게 되었다. 더 중요한 것은 전통적인 한국문화의 터전에 새로운 서구문화가 본격 유입되는 시기라는 것이다.[29] 더구나 당시의 서구식 교육의 전면적 수용이

---

28 한국대학교육협의회, 앞의 책, 1989, 193쪽.
29 진덕규, 「미군정의 정치사적 인식」, 『해방전후사의 인식』, 서울 : 한길사, 1979, 33쪽.

라는 역사적 의미는 간과할 수 없는 사실로 오늘날에 이르기까지 한 국교육에 많은 영향을 미치고 있다.

당시의 교육정책과 대학설립의 문제 역시 이러한 측면에서 매우 중 요한 의미를 지닌다고 할 수 있다. 새로운 서구식 교육이념에 걸맞는 새로운 대학의 등장은 당시 미군정의 교육정책과 결코 분리하여 생각 할 수 없는 문제이기도 하다. 미군정 하의 교육정책은 일제 강점기 하 의 교육정책과 깊은 관련성을 지닐 수밖에 없다. 이유는 오랜 동안 쌓 여온 일제의 교육정책의 영향력이 광범위하게 잔존하고 있었기 때문 이다.

식민지 하의 교육정책을 한꺼번에 청산하기 어려웠던 것은 일차적 으로 미군정의 준비되지 않은 한반도 정책 때문이었다. 한반도에 진 주한 미군은 2차 대전 시 오키나와 방면의 전투를 수행하던 24군단으 로 이들은 한국에 오기 전까지도 한국에 관한 지식은 물론 동양에 관 한 지식조차도 별로 없는 상태에서 단지 한국에 가장 가까이 주둔하 고 있었기 때문에 한국에 진주한 것이었다. 이들의 한국에 대한 지식 은 일본에 의해 만들어진 식민정책의 합리화를 위한 선전 책자들을 통해서 얻어진 것이다.[30] 이런 편견이 초기 미군정 당국자들의 인식 에 자리 잡게 되면서 일본 총독부 관리들에게 행정의 상당부분을 의 지하게 되었던 것으로 이에 관해서 미군정은 다음과 같이 상황을 설 명하고 있다.

---

30 E. G. Meade, *Military Government in Korea*, New York, 1951, p.47.

일제에 협력하지 않은 유능한 한인 행정가가 부족하고 진정으로 국민을 대표할 만한 정당의 부재가 식민지 행정기구의 존속과 직접적인 군정수립을 불가피하게 만들었다. 그것이 45년 9월 7일 맥아더의 명의로 발표된 포고문의 취지이다.[31]

여기서는 직접적인 군정 수립의 당위성을 설명하고 있지만 한편으로 일본 관리나 친일파들에게 의존하지 않을 수 없는 한계도 지적하고 있다.

이런 일들은 곧바로 한국인들의 저항에 직면했고 많은 한국인들의 반일감정을 완화시킬 수 없었다. 미군정은 일본인 관리들을 점차 면직시키면서 그 자리에 적당한 한국인을 임명하기 시작하였다. 이 때 임명된 한국인들은 미군정 장교들과 협조하는 가운데 교육정책을 수립해 나가게 되었다.

이 과정에서 주목되는 인물들은 吳天錫을 중심으로 한 미국파 인사들이었다. 이들이 미군정에서 교육을 담당한 학무국과 인연을 맺은 경위에 대해서는 다음의 자료에 잘 나타나 있다.

미군이 서울에 들어오던 날 '미군사령부에서 영어를 해독하는 사람을 찾고 있으니 해당자는 내일 점심 때 지나 조선호텔로 나오랍니다' 라는 사방통문이 돌았다. … 본관 1층 볼룸의 문을 열자 그 안에는 이미 李東在·黃仁植·吳禎洙·池鎔殷·吳天錫 등이 먼저 와 기다리고 있었고, 곧 이어 李勳求·趙炳玉·崔熙松·金永禧·李春浩 등이 속속 도착하여 곧 50여 명이 모였는데 이들 중 대부분은 구미 유학생들이었으며 … [32]

---

31 GHQ SCAP, *Summation of Non-Military Activies in Japan and Korea*: For the Month of September~October 1945(no.1), p.176.

이 사람들의 중요한 특징은 미국 유학생 중심의 영어 구사 능력이 있었고 후일 한국 교육계에서 중요한 역할을 담당하며 교육정책 형성에 많은 영향을 미치게 되었다. 이춘호의 경우는 후에 서울대총장으로 활약했으며 이훈구·조병옥 등은 조선교육심의회에서 활동하였다.[33]

그 중에서도 중심인물인 오천석[34]은 미군정과 유착한 전형적인 미국적 지식인으로 교육개혁 행정과 관련해 가장 핵심적인 역할을 수행하는 인물이 되었다.

아울러 미군정의 교육개혁과 관련해 주목되는 사실은 이른바 '天然洞 會議'이다. 이 회의는 미군 진주가 확실해진 1945년 8월 하순에 서울 서대문구 천연동에 위치한 김활란의 친구 집에서의 모임을 말하며 참석자 명단은 아래와 같다.[35]

〈표 3〉 천연동 모임 참석자들의 인적 구성[36]

성 명	8·15 당시의 직업	비 고
金性洙	보성전문학교 교장	일본 早稻田大 출신
兪億兼	연희전문학교 교수	일본 東京帝大 출신
白樂濬	연희전문학교 교수	미국 예일대 출신
金活蘭	이화여자전문학교 교수	미국 보스톤대 출신
吳天錫	보성전문학교 교수	미국 콜롬비아대 출신

---

32 서울신문사 편,『주한미군 30년』, 서울 : 행림출판사, 1979, 64~69쪽.

33 金容逸,『美軍政下의 敎育政策 硏究-교육정치학적 접근-』, 서울 : 고려대학교 민족문화연구원, 1999, 117쪽.

34 그는 미국 코넬대학에서 학부를 마치고 노스웨스턴대학에서 석사학위, 그리고 콜롬비아 대학에서 교육학 박사학위를 받았다. 그는 이때 학무국에서 교육담당관 무보수 보좌관으로 일하다가 학무과장이 되었다.

35 鄭泰秀,『광복3년 한국교육법제사』, 서울 : 예지각, 1995, 81~82쪽.

이들은 두 사람의 일본 유학자와 세 사람의 미국 유학자들로 구성되었으며 모두 유수한 3개 사립 전문학교의 핵심 인사들로 뒤에 미군정청 교육정책의 틀을 만들어 나가게 되었다.

1945년 9월 16일부터 '韓國敎育委員會'가 구성되어 운영되기 시작하였다. 이 위원회는 형식적으로는 자문기구였지만 사실상 교육행정의 실세로 9월 11일에 학무국장으로 임명된 라카드(Earl N. Lockard) 대위의 보조역할을 하였다. 이 위원회의 멤버는 처음에는 앞서 말한 천연동 회의 참석자 외에 김성달·현상윤·최규동 등 8인이었으나 10월이 되자 김성수 대신에 백남훈으로 교체되었다. 다시 11월에는 윤일선·조백현·정인보 등이 참여하여 11인이 되었는데 구성원의 현황과 약력은 〈표 4〉와 같다.[37]

〈표 4〉 한국교육위원회 구성원의 현황[38]

성명	대표분야	현직	종교	비고
金性達	초등교육	숭문국민학교장	-	한성사범 졸업
玄相允	중등교육	사립중학교장	기독교	早稻田大 졸업, 보전교수, 한민당
兪億兼	전문교육	연희전문학교장	기독교	한민당
白樂濬	교육전반	연희전문 교수	기독교	경성대학 교수, 연전교장, 한민당
金活蘭	여성교육	이화여자전문학교장	기독교	보스톤대 졸업

---

36 교원복지신문사편,『해방교육사십년』, 서울 : 교원복지신문사, 1985.

37 Bureau of Education, History of Bureau of Education: From 11 September 1945 to 28 Feburary 1946 ; 關 英子,「米軍政下における 韓國人の 敎育再建努力」,『韓』no.112, 東京 : 韓國研究院, 1988, p.12.

38 鄭泰秀, 위의 책, 1995, 87~88쪽.

金性洙*	고등교육	보성전문학교장	-	군정장관 고문, 한민당
崔奎東	일반교육	사립중학교장	-	중동학교 설립자
白南薰	고등교육	사립중학교장	기독교	한민당
尹日善	의학교육	경성대학교수	기독교	11월경 충원
趙佰顯	농업교육	수원농림전문학교장	-	11월경 충원, 九州帝大 졸업
鄭寅普	학계대표	무직	-	11월경 충원, 국학자
吳天錫	교육위원회 조직	미군정 학무차장	-	콜럼비아대

* 김성수는 9월 22일 학무국장 고문으로 발탁되어 백남훈이 대신하였으며 고문직으로 동 위원회에 계속 참여하다가 유억겸이 한인 학무국장으로 임명되자 위원회에 복귀하였음.

　교육위원회 초반기에는 주로 구미 유학자 출신이 주류를 이루었으나 정인보 등의 참여로 국내 출신이나 일본 유학자들도 늘어나게 되었다. 구미유학자들은 주로 기독교 계통이었으며 김성수가 주도하는 한민당과 관련 있는 인물들이 많았다는 점도 주목해야 할 것이다. 이와 같은 점들은 차후에 전개될 교육정책의 이념에 대한 시사점을 부여하고 있기 때문이다.

　사실 미군정의 경우에는 자국의 입장을 관철하기 위해 미국식 이념에 입각한 교육방향을 제시하고 있었는데 그것이 남한에서의 미국의 입지를 강화하기 위한 것임은 말할 나위도 없었다. 1946년 6월에 만들어진 미 국무성의 한 정책보고서에서도 이 점은 잘 드러나 있다. 그 보고서에서는 남한에서의 교육개혁은 "미국의 정책에 대한 한국 국민들의 지지를 획득하고 그렇게 함으로써 다가오는 소련과의 협상에서 미국의 입지를 강화하기 위한 수단"[39]이라고 강조하였다. 이 보고

39　Memorandum by Assistant Secretary of State for Occupied Areas Hilldring to the Operation Division, War Department, FRUS, 1946, p.694.

서에서는 한국에서 교육개혁은 "그 자체가 목적이 아니며, 한국에서의 미국의 기본 정책목적을 수행하는 수단에 불과하다"[40]라고 하고 있으니 이는 미국은 자국의 이익에 맞는 교육정책을 지향하고 있음을 보여주고 있는 하나의 예라고 하겠다.

한편 한국교육위원회의 성격은 원래 자문기관이었지만 실질적으로는 교육의 모든 부문에 걸쳐 중요한 문제를 심의 결정하였을 뿐만 아니라 각 도의 교육책임자나 기관장 등의 주요 인사문제까지 취급했다.[41] 즉 각 도의 학무국장과 공립 중등학교 교장, 대학장의 선발 및 인선을 담당했다는 점에서 그 영향력은 매우 크다고 할 수 있다. 따라서 이 위원회가 지향하던 성격은 미군정기의 교육방향 나아가서는 당시의 한국교육의 본질로까지 연결될 여지가 있었다.

당시 미군정청 학무국장인 라카드에 따르면 이 위원회의 성격은 다음과 같이 정리되고 있다.

> 한국교육위원회의 위원들은, 그들의 정치적 입장에 급진적(좌경)이었다기 보다는 차라리 보수적(극우)이었다는 것을 부인하기 어렵다. 그러나 여론조사에 의해서 나타난 결과나 신문기사의 보도에 의하면, 한국교육위원회는 상당한 신임과 존경을 받고 있었다.
>
> 한국교육위원회가 위원의 개인적 배경이나 개인적 이해관계에 의해 크게 영향을 받고 있다는 점은 두말할 나위도 없다. 그럼에도 불구하고 한국은 이만한 위원회를 갖기가 쉽지 않으며, 한국의 교육을 위해 이 정도로 봉사하는 위원회도 드물었다.[42]

---

40 위의 문서, 699쪽.
41 손인수, 앞의 책, 1992, 220쪽.

이 말에서 알 수 있듯이 교육위원회는 보수주의적 성격을 강하게 갖고 있었다. 그것은 미국식 교육과 이념을 추종하고 이를 관철시키는 것에 있음을 보여주는 셈이다. 특히 이들 가운데 김활란, 유억겸, 김성수의 경우에는 친일파라는 비판을 받았다. 이들은 유명 사립 전문학교의 중심인물이며 미국식 교육개혁을 내세우고 식민지 유제 청산에 소극적일 가능성이 매우 높았다. 아울러 이들은 남한에서 미국의 이익을 대변하고 반공과 자본주의 수호의 전략적 보루로서 남한의 위치를 규정지으려는 미군정의 정책에 적극적으로 호응하는 세력이기도 하였다. 이에 대하여 미군정청 학무당국은 일제 식민통치하의 교육정책에 대하여 아래와 같은 사정을 제시하면서 이를 정당화하고 있다.

1. 공립학교가 사립학교에 비해 철저하게 일본화되어 있음
2. 한국인 교육자, 특히 미국에서 훈련받은 교육자들은 사립학교 말고는 요직을 맡을 수 없었음
3. 사립과 공립을 구분하는 미국인의 생각과는 달리 사립학교와 공립학교를 사실상 동일하게 취급하는 정책이 존재하였고, 아직도 그러한 관행이 있음[43]

이어서 미군정청 학무국은 1945년 11월 23일 교육계와 학계 인사 100여 명으로 하여금 '조선교육심의회'를 구성케 하였다. 이 기관은

---

42 USAMGIK, *History of Bureau of Education*, 1946, p.8.
43 Bureau of Education, *History of Bureau of Education: From 11 September 1945 to 28 February 1946*.

앞서의 한국교육위원회가 교육행정의 실질적인 집행기관 격이라면 그와 달리 교육 의회적인 역할을 담당하였다.[44] 여기에는 교육이념, 교육제도, 교육행정, 초등교육, 중등교육, 직업교육, 사범교육, 고등교육, 교과서, 의학분야 등 모두 10개의 분과 위원회의 회의와 전체 회의를 통해서 심의 역할을 하도록 만들어졌다. 특히 그 중에서 대학 교육과 관련된 제8분과(고등교육)의 규정(1945년 11월 23일 공포)을 살펴보면,

> 제8분과 위원회는 고등 교육과 그 목적을 연구하고 전문학교 · 대학의 정의, 고등교육기관의 학칙 규정, 남녀 공학 대책, 전문학교의 자치 문제, 학과와 교원의 소질 향상, 고등 교육의 일반 공용연구 시설 설치, 대학원 제도, 학위 수여, 과학 교육 진흥, 귀국 유학생 알선 등을 연구 결정[45]

이 규정에서 알 수 있듯이 이 분과 위원회는 대학교육의 모든 사안을 결정하도록 되어 있다. 기능상 '심의'라고는 하지만 연구기능을 겸하고 있다는 점에 유의할 필요가 있는 것이다. 그것은 '연구'라는 규정이 결국 정책을 제기하는 기능을 지니고 있다는 점에서 실질적인 권한을 부여받고 있다고 보아도 좋기 때문이다.

이 분과위원회의 참여자는 白南雲(연희전문 교수) · 兪鎭午(보성전문 교수) · 金性洙(보성전문 교주) · 朴鍾鴻 · 趙炳玉 · 크로프트 소령 · 펙터 소령 등이었다. 좌파적 성향의 백남운을 제외하고는 대개 한민당과 가까운 성향의 인사가 참여하였다. 이러한 조선교육심의회

---

44 鄭泰秀, 앞의 책, 1995, 97쪽.
45 국사편찬위원회, 『자료 대한민국사』 1, 1987, 460~461쪽.

의 구성과 운영에 대해 현재까지는 대개 민족적이고 자주적 교육개혁의 주체라고 평가받고 있는 편이다.[46] 이 심의회는 1945년 11월 15일부터 다음해 3월 2일까지 약 4개월간 존속했지만 대한민국 교육의 기본틀을 만들었다고 할 수 있다. 우선 전체적으로는 초등학교 이래 6-3-3-4년제를 확립시켰고 오늘날에까지 이어져 오고 있다.

1945년 12월 14일 전체회의에서는 대학의 학제와 관련해 중요한 결정이 이루어졌다. 그것은 전문학교는 재학생 졸업 시까지 존속하거나 신제 대학의 3년제 전문부로 존치하는 결정과 함께 대학 예과는 현 중학 4년 졸업자가 입학하여 졸업할 때까지 두는 것으로 하였다. 아울러 대학입학 자격은 현 대학 예과 졸업자 또는 전문학교 졸업자에게 부여하는 한편 사범학교에는 학생을 편입시켜 존속하게 하는 조치를 취하였다. 이는 임시조치이면서 앞서 말한 4년제 대학 학제를 뒷받침하기 위해 취해진 것이었다. 이 신학제는 1946년 9월부터 실시할 것을 명시함에 따라 새로운 변화를 명시하게 되었다. 학기제는 종전의 3학기제가 폐지되고 2학기제로 변경되었으며 1학기는 9월 1일부터 익년 2월 말일까지, 2학기는 3월 1일부터 8월 말일까지로 되었다. 이 학기제는 지금까지도 1, 2학기의 뒤바꿈 외에는 같은 골격을 유지하고 있다는 점에서 위 결정은 중요한 것이라고 볼 수 있다.

한편, 광복 후의 대학교육은 〈표 5〉와 같이 양적인 면에서 많은 증가가 있었으나 질적인 면에서 저하된 상태였다.

---

46 鄭泰秀, 앞의 책, 1995, 98쪽.

<표 5> 8 · 15 이후 남한지역의 고등교육기관 변화추이('45~' 48년)

시기	학교수	교원수	학생수	학교당학생수	교원1인당학생수
'45.5	19	261	3,039	160.0	11.6
	19	908	6,948	365.7	7.7(일인 포함)
'45.12	21	753	7,110	338.6	9.4
'46.9	21	977	16,317	777.0	16.7
'46.10	22	1,170	17,909	814.0	15.3
'47.5	24	1,075	13,485	561.9	12.5
'47.9	26	1,938	19,241	740.0	9.9
'47.11	29	-	22,086	-	-

* 자료출처 : 김용일, 『미군정하의 교육정책 연구—교육정치학적 접근—』, 고려대학
교 민족문화연구원, 1999, 203쪽.

한국인들은 전문학교 운영에 아주 적은 구실 밖에는 해보지 못했으니,
그 증거가 현재의 각 전문학교에 충만하다. 총장 · 학장 · 교수는 고등교육
기관을 운영하는데 필요하고 적당한 훈련이 없다. 건물은 더럽고, 교수는
시간이 되어도 오지 않으며, 학생들은 마음이 내키는 대로 왔다가는 가고,
운동장은 손질을 하지 않아, 전문학교 전체의 인상은 소홀과 무감각을 표
시하고 있다. 대학들은 교육과정 중에도 강의만을 하고 있고, 자연과학 계
통의 대학은 연구의 실제적 및 실험을 해 볼 설비가 없고, 실험실에는 수
도와 가스의 줄이 끊어졌거나 떨어져 없었다.[47]

각 대학은 제반시설은 물론 교육 자체가 상당히 부실하게 운영되고
있음을 알 수 있으며 당시 대학교육을 뒷받침할 수 있는 사회적인 제
반 여건이 이루어지지 못함에 기인하는 면이 있다. 군정청에서는 이
를 해소하기 위하여 일본인들이 소유하던 전기 용구, 항공기계, 과학
기계류들을 서울대학 및 각 전문학교들에 알선하기도 하였다.[48] 그러

---

47 USAMGIK, *History of Bureau of Education*, 1946, p.41.

나 고등교육제도에 대한 여러 법령을 정비하고 이를 실제로 추진할 인력 및 각종 기자재는 단시간에 해결될 수 없었다.

1945년 10월 16일에 군정장관 명령 제15호에 의하여 경성제국대학을 서울대학으로 명칭을 변경시켰다.[49] 이는 훗날 국립 서울대학교로 개편이 이루어지게 되면서 이후 대학가는 물론이고 정국에까지 커다란 영향을 미치는 '국대안' 파동을 불러 일으켰던 것이다.

아울러 이 명령 제15호에서는 기존의 '孔子廟 經學院'을 '成均館'으로 명칭을 변경시켰다. 이것은 원래의 '성균관'을 일본 지배 하에서 '경학원' 즉 성리학의 경학만을 강의하는 것으로 축소·왜곡하였던 것을 해방 후 대학으로 발족하면서 명칭을 원래대로 바로 잡은 것이다. 사실 조선시대의 성균관은 서구의 대학과는 조금 다른 성격을 지니고 있었다. 성균관은 서구의 대학처럼 학문의 진리를 탐구한다기보다 예비 관료를 양성한다는 성격을 지니고 있었기 때문이다. 이곳을 대학으로 변경한다는 조치는 근대 교육의 요람으로서 그 성격이 변환됨을 의미하는 것이었다.[50]

군정청은 학위수여제도에 대해서도 규정을 마련하였다. 이 규정은

---

48 『조선일보』, 1946년 4월 15일자.

49 공식적인 명칭은 서울대학으로 바뀌었으나, 1946년 국립 서울대학교로 개편될 때까지는 통상적으로 경성대학으로 불렸다(연구자 주).

50 鄭泰秀는 이 조치로 인해 우리나라 대학의 600년 전통을 계승하지 못했다고 평하였다. 즉 성균관이 만들어진 이래의 600년 전통이 국립화되지 못함으로 인하여 계승되지 못했다는 주장이다(鄭泰秀, 앞의 책, 328쪽). 그러나 본문에서 말했듯이 한국의 성균관은 서구의 대학과는 근본적으로 성격을 달리하는 기관이다. 단순히 명칭상 大學이란 이름만으로 전통의 계승이란 주장을 할 수는 없는 것이다.

조선교육심의회 고등교육 분과에서 정한 3가지 학위 수여에 대한 건의를 수용한 조치였다. 이 제도 역시 오늘날 학위수여제도의 근간이 되었으니 즉 학사학위는 4년 이상의 대학 졸업자에게, 석사학위는 합당한 논문을 제출하고 소정의 모든 시험에 합격한 1년 또는 그 이상의 대학원 과정을 이수한 자에게 수여한다는 것이다. 나아가 박사학위는 석사학위 소지자가 3년 이상의 대학원 박사과정을 수료하고 합당한 논문을 제출하고 소정의 모든 시험에 합격한 자에게 수여한다고 규정하였다.[51]

또한 군정청이 행한 정책 중에서 중요한 것은 대학의 종류를 2원화시켰다는 점이다. 이는 조선교육심의회 고등교육분과 위원회의 건의에 따른 것으로 종합대학(university), 대학(college)의 구분이었다. 이 구분의 기준은 2개 이상의 학부가 있는 대학이 종합대학이고, 1개의 학부는 단과 대학이라는 명칭을 부여한다는 것이다.[52] 이러한 구분은 한국의 대학 성장 과정에서 '학부'가 '단과대학'으로 변모하고, 단과대학의 수가 늘어나는 대형화 추세 속에서 용어의 혼동을 초래하는 요인이 되기도 하였다. 종합대학의 학장과 독립된 단과 대학의 학장 명칭의 혼란이라든가 또는 독립된 단과대학은 미완성 대학으로 오인받는 경향 등이 빈번히 발생하는 단초가 이때 마련되었다고 하겠다.

군정청 문교부는 1946년 4월 26일 조선교육심의회 고등교육 분과 교육위원회의 심의를 거쳐 「고등교육에 관한 임시조치 요강」을 발표하였다. 이것은 그 해 9월 1일부터 시작할 신학제 실시를 앞두고 옛

51　鄭泰秀, 앞의 책, 1995, 328쪽.
52　鄭泰秀, 앞의 책, 1995, 328쪽.

제도와 새 제도 간의 경과 조치를 취할 필요에 의해 제기된 것이다.[53]

그 내용은 ①대학 豫科에 관한 것 ②전문학교 졸업(예정자)의 대학 진학자(편입)에 대한 자격 규정 ③졸업식에 관한 사항 ④입학 지원자 선발 시험과 방법 등에 관한 것이었다. 그 중에서 ④의 경우는 입학 지원자에 대한 선발 시험을 전·후기로 기간을 나누고, 학교를 배정하여 치르게 하는 내용이었는데 1946년 5월 20일 고등 교육기관의 재편 발표에서도 이어졌다.

이때 고등교육기관의 재편은 이전의 전문학교를 대학으로 승격시키고 이를 전·후기로 나누어 신입생을 모집한다는 방안이었다. 이를 살펴보면 〈표 6〉과 같다.

〈표 6〉 대학 승격으로 인한 신 교명 및 전·후기 분할 입학 고사 현황

제1기 시험 해당 대학	제2기 시험 해당 대학
경성대학 예과(경성대학)	세브란스의과대학(세브란스의전)
고려대학교 예과(보성전문)	연희대학교(연희전문)
경성의과 대학(경성의전)	경성사범대학(경성사범)
〈승격 준비 중인 학교〉	경성여자사범대학(경성여자사범)
대구농과대학(대구농전)	경성경제대학(고등상업)
광주의과대학(광주의전)	경성치과대학(치과전문)
경성광산대학(경성광전)	이화여자대학교(이화 전문)
대구사범대학(대구사범)	〈승격 준비 중인 대학〉
경성법과대학(경성법전)	수원농림대학(수원농전)
경성여자의과대학(경성여자의전)	대구의과대학(대구의전)
숙명여자대학(숙명여전)	경성공과대학(경성고공)
경성약학대학(경성약전)	부산수산대학(부산수전)
	동국대학(혜화전문)

자료출처 : 『동아일보』, 1946년 4월 26일자. 鄭泰秀, 앞의 책, 1995, 331쪽, 재인용

---

53 『동아일보』, 1946년 4월 26일자.

〈표 6〉과 같이 전문학교가 대학으로 변화했음을 알 수 있으나 여기서 이루어진 전·후기 분할 모집은 논란의 여지가 있을 수 있었다. 양자의 분할모집이 어떤 기준에 의해서 이루어진 것인지 불확실하기 때문인데 현재 있는 자료만으로는 이를 확인하기 어렵다. 아마도 1946년 5월 31일에 개최된 전국대학 총·학장회의는 이러한 조치에 대한 설명과 납득을 시키기 위한 회의였을 것이다. 또한 위의 표에서 알 수 있듯이 남한 지역 내에서 충청권과 강원권에는 아직 대학으로 승격되거나 신설된 학교가 없다는 사실도 확인된다. 이것은 그 지역 내에 일제 당시 전문학교 등이 없었던 것이 커다란 이유였으며 새로운 대학 설립 움직임이 부진했음도 간접적으로 확인된다.

또한 미국은 1947년 6월에 '대 한국 교육 및 정보 조사단(The Educational and Informational Survey Mission to Korea)'을 한국에 파견하여 교육 실태를 조사하게 하였다. 이 조사단은 미 육군성과 국무성이 조직하여 파견한 것으로 조사단 5명의 명단은 다음과 같다.[54]

> 단장 : 안트(C. O. Arndt) 뉴욕 시립대 교육학 교수, 전 연방교육국 국제
> 교육과 극동 담당
> 단원 : 브럼보(Dr. A. J. Brumbaugh) 미국 교육심의회 부회장
> 에디(Mr James R. D. Eddy) 텍사스 대학, 섭외부 기획훈련국장
> 레이(Mr J. Franklin Ray, Jr) 극동문제 전문가 전 UNRRA 극동지
> 구 책임자
> 뱃슨(Capt. Douglas N. Batson) 육군대위 민사국 재교육계 육군
> 성 참모

---

54 鄭泰秀 편저, 『美軍政期 韓國敎育史資料集』(상), 서울 : 홍지원, 1992, 1420~
1421쪽.

이상과 같은 조사단을 파견한 배경에는 1947년 3월 12일의 「트루먼 독트린」과 6월 5일 미 국무장관의 「마샬 플랜」의 발표 등과 같이 소련과의 대결과 봉쇄정책이 있었다. 미국은 한반도 내에서 통일정부 수립을 포기하고 소련과 대결할 전진 기지로서 단독정부 수립이라는 정책노선을 전환하여 그에 걸맞게 한국을 지원하기 위함이었다. 교육부분에서도 위와 같이 조사단 파견을 시도하고 미국 이념과 체제에 부응하는 한국 정부 수립를 위한 교육정책을 구상하겠다는 의도였던 것이다.

이들 조사단의 공식적 임무는 남한의 현 교육 및 프로그램의 현상을 조사하며 1948년 사업 계획을 재검토하고 책정된 보조금에 대해 가장 효과적인 이용법을 권고할 것 등이었다.[55] 이들은 6월 3일부터 20일까지 군정청 문교부장을 위시하여 각 부·국의 인사들을 만나고 의견을 교환한 후에 귀국하였다. 그 전에 이들은 「對 한국 교육 및 정보 조사단 보고서(Report of Educational and Informational Survey Mission to Korea)」를 주한 미군 점령군 사령관에게 제출하였다. 이 보고서는 이후 미국이 한국에 대한 국가차원의 교육지원에 대한 기초가 되었다는 점에서 중요하다고 하겠다. 그 중에서 고등교육에 관련된 부분을 중심으로 살펴보면 다음과 같다.[56]

(1) 국립의 고등교육 기관은 3종의 범주(사범학교·전문학교·대학)로 나누어진다. 사립대학은 문교부 제정의 규정에 의해 관리된다. 이들 학교

---

55 阿部 洋, 『해방후 한국의 교육개혁 : 미군정기를 중심으로』, 한국연구원, 1987, 26쪽.
56 鄭泰秀, 앞의 책, 1995, 445쪽.

에 대한 그 교과과정, 등록학생 수, 등록금, 학사일정 그리고 학칙승인 등이 그것이다.

(2) 1947년 3월 1일 현재 남한에 23개의 고등교육 기관에 1,125명의 교원과 19,337명의 학생이 있다.

(3) 일제하에서 설립된 경성제국대학과 몇 개의 전문학교가 종합화되어 국립 서울대학교로 발족한 것은 필연적 단계이기는 하나 그 통합방법이나 교육적 이익의 영향 등은 비효율적이다.

(4) 국·사립대학의 직업 교육 분야는 의학, 공학, 농학, 임학, 수산학, 약학, 치의학, 간호학, 법학 및 신학 등이 있어 매우 포괄적이다.

(5) 한국의 고등교육은 혼동 상태이다. 학교 관리 경험이 없고 관리자의 질은 낮고, 시설과 장비는 부적절하다. 다만 몇 사립대학은 예외이다.

(6) 한국 고등교육에는 좀 더 나은 유자격 교수진과 학교 관리자, 시급히 요구되는 서적 학용품 및 교재가 필요하다.

(7) 고등 교육의 이익은 문교부의 관심 대상이다. 문교부는 최고의 교육수준 유지, 그리고 인적·물적 자원으로 정당화되는 학위로만 고등교육 확장의 전체적 정책 개발에 중점을 두어야 하며, 교육과정, 학생등록, 직원의 임용과 같은 행정적 세부사항은 학교행정과 교수진에 가능한 한 많이 위임되어야 한다.

이 보고서에서 주목되는 점은 우선 국립서울대학교의 발족에 대한 미국의 입장이다. 조사단은 국립서울대학교의 통합방법이나 교육적 이익에 대한 영향에서 부정적임을 나타내고 있다. 반면 현 단계의 국립서울대학교의 설립 자체는 긍정적으로 평가하였다.

아울러 보고서는 사립대학에 대한 자율성보다는 이를 우선적으로 문교부에 의한 통제 쪽에 방향을 잡고 있음을 제1항에서 보여주고 있다. 사립대학에 대한 일정한 규제가 필요한 것은 사실이지만, 이는 이후의 문교행정에서도 사립대학의 자율성을 침해할 소지가 많은 부분이라고 하겠다. 그에 따라 제7항에서는 교육과정이나 학생등록, 직원 임용과 같은 행정적 세부사항을 학교와 교수진에 자율적인 것으로 위임할 것을 권고하고 있다.

조사단은 현재의 한국고등교육을 '혼동상태'로 인식하였다. 그 문제점은 학교관리자의 수준 및 시설과 장비의 미비이다. 특히 대학실험실의 재료가 매우 부족한 상황이라고 보고서의 다른 부분에서 서술하고 있다. 사실 이 문제는 당시의 혼란한 한국 상황에서 쉽게 극복할 수 있는 문제는 아니었다. 마땅한 교과서조차도 없는 상황에서 실험실 재료 등의 수급이 가능할 리 없었기 때문이다.

이와 같은 여러 문제를 해결하기 위해 조사단은 미국과의 교육자 교류 등을 위시하여 서울대학교 공과대학 완성 등을 권고하고 있다. 또한 공립학교의 재정기반을 확보하기 위해 지방세 개혁방안 등의 검토도 요구하였다. 전체적으로 볼 때 권고안은 미국과의 교육교류 확대와 고문 초빙 등에 의한 미국적 이념의 교육 방안을 실천하는 것으로 이어지고 있다.

2) 國大案 波動

미군정의 대학교육정책은 '국대안' 논의로 최대의 위기를 맞게 되었다. 국대안은 여러 경성대학을 묶어 국립대학인 서울대학으로 종합화한다는 방안이었다. 이는 '국립서울대학교 설립에 관한 법령'(군정법령 102호 1946년 8월 22일)과 '법령 제102호 제7조의 개정'(과도정부 법률 1호 1947년 5월 6일)의 두 개의 법 제정으로 이어지면서 계속 추진되었다. 이는 사실 대학교육 자체의 문제라기보다는 해방 후에 전개된 좌우익의 투쟁 속에서 제기된 것이었다. 한반도에 미·소 양군의 진주와 남북한의 분할은 양자의 갈등을 외적으로 부추기는 요인이었다. 이 문제는 단순히 정치적 대결에서만 그치는 것뿐만 아니라 학원 내에서 좌·우익 대결은 말할 것도 없고 당시의 정국에서 정치세력 간의 갈등을 초래하고 있었다.

그 대표적인 경우가 학교장 배척 운동이었다. 학원민주화라는 이름하에 전국 방방곡곡에서 벌어졌다. 앞서 살펴보았듯이 우익 정당인 한민당의 김성수·유억겸 등은 미군정청의 교육정책에 관여하고 있었고 또한 당시 경성대학(서울대학)의 총장 겸 법문학부장에 같은 한민당의 백낙준, 예과 부장에도 같은 당의 현상윤 등이 임명되었다.[57] 이런 인사는 좌익계의 시각에서는 '반 민주진영이 문교의 요로를 점하고 갈 바를 알지 못하며, 일제 잔재 교육 세력과 굳게 결합함으로써 반민주적 일제 잔재 팟쇼 교육세력'[58]이 차지하게 되었다는 의미라고 보았기 때문이다. 그에 따라 경성대학에서는 좌익계가 이에 대항하는 '경성대학 자치위원회'를 결성하였다.

이러한 가운데 당시 문교부 차장인 오천석 등은 고등교육 재조직을 위해 1946년 4월 경성대학 의학부와 경성의학전문학교와의 통합안을 내놓았으나 양 대학의 반대로 실패하였다.[59] 그 후 2개월 뒤인 6월 19일 국대안이 발표되었다. 여기에 대해 교수와 학생들은 반대의사를

---

57 民主主義民族戰線, 『朝鮮解放1年史』, 서울 : 文友印書館, 1946, 344쪽.
58 民主主義民族戰線, 위의 책, 1946, 344쪽.
59 『동아일보』, 1946년 7월 13일자.

표명하였는데 7월 13일 재차 국립 서울대학교 신설을 발표[60]함으로써 본격적인 대립이 야기되었다.

① 綜合大學校를 만듦에 의하여 各 學校의 기존건물과 설비를 최대한도로 활용할 수 있다. (중략)

② 敎授외 기타 전문기술자를 최대한도로 활용할 수 있다. (중략)

③ 國家財政上으로 보아 合理的으로 일정한 계획하에 통일적으로 운영하는 것이매 國家財政으로 가장 유효하게 쓸 수 있을 것이다. (중략)

④ 綜合大學校를 설치하므로 하여 학생이나 敎職員이 받을 수 있는 敎化的 惠澤은 실로 큰 것이다. (중략)

⑤ 學者養成에 적합하다. (중략)

⑥ 이상과 같은 이유와 이익을 고려하여 文敎部는 금번 이 綜合大學校를 설치케 하였다. 무릇 우리 高等敎育機關은 國家의 所有다. 國民의 稅金으로 만들어진 것이요 금후도 國民의 負擔에 의하여 운영되어 갈 것이다. 이들은 결코 獨立한 各機關의 소유거나 그 안에 있는 敎職員이나 學生의 專有物이 아니다. 그러므로 이 기관은 國家의 요청에 의하여 國民에게 최대한도의 교육적 봉사를 완수할 때에 비로소 그 사명을 다할 수 있는 것이다. 과거의 각자의 전통을 운운하며 小乘的 排他態度를 고집하여 이 大局的 원대한 國家의 방침에 반대하는 사람은 없을 것이다. 나아가서는 종래의 日本帝國主義敎育의 소굴이었던 舊學校들을 新國家建設의 此際에 깨끗이 청산하고 새로운 사상과 원대한 계획하에 綜合大學校를 신설하려 하는데 대하여 일반국민은 쌍수를 들어 찬의를 표하고 협력하여 줄 것으로 믿어 마지 않는다.

이 안에 대해 당시 유억겸 문교부장과 피텐져 중령은 신문과의 회

건에서 그 취지를 다음과 같이 설명하였다.

> 현하 조선에서 가장 긴급한 것이 교육의 건설이다. 이번에 국립서울대
> 학교의 설치는 신국가건설에 요청되는 많은 인물을 양성하는 데 의미가
> 있다. 부족한 설비와 一校에만 보존된 설비품을 여러 학교의 학생이 서로
> 교류하여 연구하여야 될 것이다. 현하 가장 부족을 느끼고 있는 교수문제
> 에 있어서도 유능한 교수로 하여금 최대한도의 능력을 발휘할 수 있도록
> 함과 아울러 단일 과목 일괄 교수방법을 취하여 합리적으로 운영되어야
> 할 것이다. 이 국립서울대학교는 9개의 단과대학과 1개의 대학원으로 구
> 성되는데 관립전문학교는 대다수가 이에 포함되게 된다. … 완전한 종합
> 대학의 설치는 학생들로 하여금 다방면으로 학구의 여지가 있게 되는 것
> 이다.[61]

미군정 문교당국은 국립서울대학교의 설립의미는 인재 양성과 열
악한 교육여건과 환경을 개선하는 데 있었다고 하였다. 실제로는 한
준상 교수의 비판대로 이 제도는 문교관계 권력 장악 집단에 대한 정
치적 반대세력을 제압하기 위한 교수 축출 운동의 서곡이었으며 결국
이 제도는 그 후 교수 재임용 제도의 선례가 된 셈이었다.[62] 말하자면
학원 내의 좌익세력은 물론 문교 당국자들에게 반대하는 세력과 결부
된 교수들까지 축출할 수 있게 만들었다.

이 국대안 중에서 문제가 되었던 것은 제7조였는데 이사회의 기

---

61 『대동신문』, 1946년 7월 14일자.
　　서울대학교 40년사 편찬위원회, 『서울대학교 40년사 1946~1986』, 서울대 출판
　　부, 1986, 13쪽.
62 한준상·김성학, 『현대 한국교육의 인식』, 서울 : 청아출판사, 1990, 118~119쪽.

구·직능·임무 및 보수에 관한 조항이었다. 그 중에서 임시이사회 설치에 관한 내용이 비판의 대상이 되었던 것이다. 임시이사회는 군 정장관에 의해 임명된 이사들로 구성되도록 했으며 실제로 미국인 총 장이 임명되었다. 더구나 그 운영이 철저하게 문교부의 권한에 들어 갈 수 있도록 해 놓았기 때문이다.

국대안은 교수와 학생들의 반대와 비판에 부딪쳤다. 교수들은 사직을 결의하고, 학생들은 동맹휴학으로 대항하였다. 9월 2일 경성광산 전문 교수일동의 명의로 된 국대안 반대성명에 이어 5일에는 5개 전문학교 학생회가 국대안 거부를 결정 하였다. 9월 5일 국립서울대학교가 발족하자 그 산하의 상과대학, 공과대학, 사범대학 및 대학 예과의 학생들이 등록을 거부하고 동맹휴학에 돌입하였다.

이 문제는 결국 정파 간, 특히 좌·우익 간의 대립으로 연결되었다. 좌익 측은 국대안이 '문교 당국의 독단, 비민주적 행정 운영의 절정, 대학의 관제화 등을 도모한 전제적 교육안' 으로서 조선의 학문 발전을 억누를 것이라고 경고하고 반대에 나서게 된다. 반면에 한민당 등의 우익측에서는 국대안 지지 입장을 표명하면서 여기에 대한 반대는 기득권과 대학의 특권을 유지하기 위함이라고 비난하였다.[63]

학내의 대립은 각종 학생단체가 등장하면서 1947년 봄에 그 절정에 달하였다. 그 해 2월 8일 민정장관 안재홍은 성명을 통해 동맹휴학의 원인으로 각 단과대학의 운영 및 교육행정상의 결함을 시정할 것을 언급하고, 또한 학교 안에서의 정치운동과 동맹휴학을 절대 허용치 않겠다고 천명하였다. 아울러 남조선과도입법의원에서도 이 문제의

---

63 金容逸, 앞의 책, 1999, 208~209쪽.

해결을 위한 노력이 시작되었다. 결국 많은 좌익계 학생이나 교수들의 축출에 따라 국대안 반대투쟁은 점차 종식되어 갔다. 그렇지만 국대안의 원안대로 시행될 수가 없었고 반대과정에서 여러 부분에 수정이 가해졌다. 특히 이사회 관련규정의 개정을 통해 새로운 이사진이 취임하게 되었던 것이다. 국대안 사건은 미군정의 고등교육 재편과정에서 반공이념의 구축이라는 정책목표를 관철시키기 위한 일련의 정책 과정에서 발생하였다. 이후 대한민국 정부의 수립과 함께 미군정의 교육정책의 목표와 지향은 그대로 계승되었다. 당시 정해진 여러 법제는 이후 대한민국 정부의 문교정책의 기본틀로 이어지게 되었다.

3) 美國 大學의 韓國 設立 計劃

국대안으로 야기된 갈등에 대해 미국은 정치적인 좌우대립의 교육적 표현으로 해석하였다. 따라서 국대안 반대 움직임에 대해서는 미군정의 정치적 구도에 대한 저항 운동으로 보고 경찰력을 동원하여 적극 대처하였다.[64] 미국은 국대안에 대하여 정치적 대안과 아울러 교육적 대안도 마련하고 있었다. 국대안 파동이 진행되던 1947년 2월 초에 미군정청에서는 한국에 미국 대학을 설립하여 1947년 9월부터 개교를 검토하였다. 한국의 고등교육에 관해 1946년 9월 20일부터 연구를 했다고 밝히는 한 미국인 전문가에 의해 1947년 1월 27일에 작

---

64 School Strikes in Seoul, Korea : Their Political Implications, Prepared by EV. Prostov, 이길상, 『해방전후사자료집』 II , 1992, pp.262~282.

성된 미국 대학 설립 계획은 수신인이 러취 군정장관과 피텐져 문교 부장 고문으로 되어 있었다.[65] 한국 고등 교육의 역사적 배경, 주요 특성 등에 대하여 분석한 후 국대안 등을 둘러싼 한국 고등 교육의 혼란을 극복하기 위해서는 미국 대학을 한국에 설립해야 한다고 제시하였다. 비록 실현되지는 못했지만 당시 미국의 태도를 짐작하게 하는 주요 내용은 아래와 같다.[66]

(1) 미국인 교사와 학자의 지도하에 적합한 과학 및 기술 훈련을 제공해야 한다.

(2) 교육을 위해 미국식 건물을 신축해야 하며 특히 미국인 교육자들이 생활할 시설이 포함되어야 한다.

(3) 개설되는 교과 과정은 한국이 가장 결여하고 있는 분야로 하되, 미국의 많은 주립대학에서 가르쳐지고 있는 내용이 가장 적합할 것이다.

(4) 학생 수용 규모는 1,000명 정도가 적합할 것이며 남녀 공학이어야 한다. 그리고 행정 요원으로는 남학생처장, 여학생처장, 상담직원, 총무처 직원, 보건소 직원들이 있어야 한다.

(5) 강의는 영어로 행해져야 한다.

(6) 학부과정 이외에 대학원 과정이나 기타 특별 과정을 고려해야 한다.

(7) 대학은 반드시 미국 자금에 의해 지원되고 미국 교재나 시설들이 사용되어야 한다. 그래야만 한국이 세계 시장에 흡수되었을 때 미국 상품을 소비하는 진정한 시장의 역할을 하게 될 것이다. 미국 물건이나 교재를

---

65 "Higher Education in Korea"라는 제목이 붙은 이 건의서는 작성자가 누군인지는 나타나 있지 않다. 미국 국립문서보관소 문서군 332, Box No 36에 들어있다 (이길상, 『해방전후사 자료집』 II, 1992).

66 이길상, 『해방전후사자료집』 II, 1992, 228~230쪽.

사용하던 그들은 미국 상품을 원하게 된다.

　(8) 이 대학의 성격과 규모 등을 결정하기 위해서는 과학적인 조사가 일차로 이루어져야 한다.

　(9) 대학 설립 계획은 가능한 조기에 이루어져야 한다.

위 보고서 작성자는 당시 국대안을 비롯하여 한국고등교육의 혼란을 극복할 수 있는 대안으로 미국 대학의 한국 설립을 제시하고 있다.

미군정에 의해 이 계획은 실현되지는 못했지만 한국 고등 교육의 재편에 관심이 많았으며 체계적인 추진을 시도하고 있었음을 보여 주고 있다.

제3장 大學 設立 및 改編過程

1. 大學 設立과 改編의 年度別 分析

해방 이후 대학·전문학교 등 고등교육기관들은 초·중등학교보다는 늦게 수업을 재개 하였다. 그렇지만 당시 고등교육에 대한 민족의 열망은 이들 대학과 전문학교에 대한 관심과 폭발적인 수요를 낳고 있었다. 일제의 고등교육 억제정책이 이와 같은 열망을 낳게 한 1차적인 요인이었던 것이다. 그런데 해방 직후의 대학·전문학교는 남한의 경우에 모두 24개교가 있었는데 이를 표로 나타내면 〈표 7〉과 같다.

〈표 7〉에서 살펴본 것처럼 일제의 고등교육 억제정책에 따라 해방 직후 남한의 대학은 경성제국대학 한 곳 뿐이고 나머지는 모두 전문학교였다. 〈표 7〉에 나온 23곳의 전문학교는 법학, 의학, 공업, 광업, 상업, 사범, 수산 등과 같은 각 기술 분야를 담당하는 곳이 대부분이었다. 특히 일제는 민립대학 설립운동을 억누르면서 경성제국대학을 설립하였고 따라서 사립학교는 모두 전문학교일 수밖에 없었다.

〈표 7〉 해방 직후의 고등교육기관 현황[1]

학 교 명	수업개시 일 자	학 교 명	수업개시 일 자
1. 경성대학	1946.2.19	11. 보성전문학교	1945.10.22
(법문학부)	1945.10.1	12. 이화여자전문학교	1945.10.5
(의학부)	1946.3.1	13. 숙명여자전문학교	1945.10.19
(이공학부)	1945.10.20	14. 서울여자의학전문학교	1945.11.24
2. 경성법학전문학교	1946.2.23	15. 혜화전문학교	1946.1.26
3. 경성의학전문학교	1945.10.8	16. 경성사범학교	1946.1.26
4. 경성공업전문학교	1945.9.29	17. 경성여자사범학교	1945.10.1
5. 경성광업전문학교	1945.10.1	18. 수원농림전문학교	1945.12.1
6. 경성상업전문학교	1945.11.15	19. 부산수산전문학교	1945.11.23
7. 세브란스의학전문학교	1945.9.28	20. 대구의학전문학교	1945.11.1
8. 경성치과전문학교	1945.10.27	21. 광주의학전문학교	1945.10.5
9. 경성약학전문학교	1945.10.13	* 22. 경성경제전문학교	
10. 조선기독전문학교	1945.11.20	* 23. 대구농업전문학교	
		* 24. 대구사범학교	

* 자료출처 : 수업개시일자는 미군정청내부의 교육정책 문서에서 인용하였음(鄭泰
　　　　 秀 편저, 『미군정기 한국교육사자료집』(상), 98~101쪽에서 재인용).
* 표는 연구자가 추가한 것임.

　　아울러 24개의 학교 가운데 여성만을 위한 여자 전문학교가 3곳에
불과하여 여성고등교육기관의 부족을 보여준다. 이는 한국사회의 전
통적 가치관인 여성의 사회활동 기피경향과 맥락을 같이 하고 있다.[2]
　　학교의 소재지별로 보면 72%인 17개 전문학교가 서울에 집중되어
있으며 수원 1개, 부산 1개, 대구 3개, 광주 1개 등 지방에는 4곳만이

---

1 鄭泰秀, 『光復3年 韓國敎育法制史』, 예지각, 1995, 326쪽.
2 1963년 간행된 문교부의 『문교통계요람』, 338~340쪽에 의하면 1945년 당시 대
　학생 총수가 7,819명, 남학생 수가 6,733명(86.1%), 여학생 수가 1,086명(13.9%)
　이었다.

70 _ 美軍政期 大學과 專門人 育成 硏究

전문학교가 존재하였다. 지방에는 전문학교 설립이 억제되어 왔으며 특히 충청권과 강원권에는 전무한 실정이었다. 그에 따라 해방이 되자 각 지역에서는 사립학교를 설립하고자 하는 욕구가 크게 일어났다. 특히 농지개혁에 대한 논의가 진전되자 다수의 지주들 가운데 그들의 토지를 학교 설립을 위해 기부하는 반사적 경향도 나타났다. 이 사립학교 설립의 기운에 대해서 당시 문교행정을 맡았던 俞億兼 문교부장은 다음과 같이 말했다.

> 광복이 되자 우후죽순과 같이 대학설립 기성회를 각 시·도에서 조직하여 그 설립인가서가 문교부에 쇄도하였다. 이러한 현상은 오늘날에는 無感情的일지 모르나 당시에는 매우 감격적이었다. 왜냐하면 일제의 압박 아래 35년간 우리말도 쓰지 못하고 우리글도 쓰지 못하고 우리 역사도 배우지 못하다가, 이제 그 鐵鎖가 단절되어 우리 마음대로 자유롭게 교육할 수 있고 교육을 받을 수 있다는 감격이었으며, 또 일본 강점 하에서 온갖 압박과 착취를 당하면서 푼푼이 축재한 尊貴한 現金과 土地를 광복된 조국의 민족교육을 위하여 投擲하는 그 성스러운 심정에 대한 감격이었다.[3]

위와 같이 유억겸은 각 지역에서 대학 설립운동이 활발했음을 증언하고 있다. 그리고 이 운동의 중심에는 자금과 토지를 보유하고 있는 지주층이 있음을 알 수 있다.

일차적으로는 기존 전문학교 등의 개편이 우선적으로 이루어지고, 연희전문학교와 같이 일본 총독부 관리 하에 있던 사립학교의 복구도 이루어졌다.[4]

---

3 문교부, 『문교40년사』, 문교부, 1988에서 재인용.

1946년부터 전문학교들이 대학으로 승격하거나 대학 및 대학에 준하는 학교들이 신설되기 시작하였다. 경성대학과 9개의 국·공립 전문학교들은 '국대안'의 제기로 인한 대학가의 소요 속에서 대규모 종합대학인 국립 서울대학교로의 개편이 이루어졌다. 지방에서도 많은 어려움 속에서 대학 설립 운동은 활발하게 전개되었다.

1946년 8월 22일 '국대안' 파동을 겪은 후 국립 서울대학교가 출범하였다. 서울대학교는 앞에서 들었듯이 기존의 10개 대학·전문학교 및 사범학교를 흡수하여 법인으로 창설하되 이를 새로이 9개 단과 대학과 1개 대학원으로 개편 설치하도록 규정하였다.[5]

〈표 8〉 국대안에 의한 서울대학교 개편 내용

종전의 학교 변천과정	종합대학 개편 후	비고
• 경성고등상업학교(1922) → 경성경제전문학교(1944) 〈사립〉	상과대학	
• 경성제국대학(1922) → 경성제국대학 의학부(1926)		
• 경성의학전문학교(1916)	의과대학	간호포함
• 경성치과의학전문학교(1929)	치과대학	
• 경성전수학교(1916) → 경성법학전문학교(1922)		
• 경성제국대학(1922) → 경성제국대학 법문학부(1926) → 서울대학 법과계(1945)	법과대학	
• 경성공업학교(1916) → 경성고등공업학교(1922) → 경성광산전문학교(1939) · 경성공업전문학교(1944)		

---

4 연희전문학교는 1942년 일본 총독부에 의해 적산으로 처리되어 이사회가 해체된 후 총독부 관리하의 준 공립학교인 경성공업경영전문학교로 운영되고 있었다(『연세대학교 100년사』, 1985, 334~335쪽).

5 「국립서울대학교 설립에 관한 법령」(군정명령 제102호, 1946.8.22)
행정신문사 출판국, 『한국교육개관』, 서울, 1957, A1쪽.

• 경성제국대학(1922) → 경성제국대학 이공학부(1941) → 서울대학 이과계(1945)	공과대학	
• 경성사범학교(1921) • 경성여자사범학교(1935)	사범대학	
• 경성제국대학(1922) → 경성제국대학 법문학부(1926) → 서울대학 문과계(1945)	문리과대학	
• 수원농림전문학교(1917) → 수원고등농림학교(1922) → 수원농림 전문학교(1944)	농과대학	
• 경성음악학교(1945)	예술대학	
	대학원	신설

* 자료출처 : 『서울대학교오십년사』, 『명치이후 교육발달사』, 『근대일본 교육사료』
* 군정명령 제15호(1945.10.16)에 의하여 '경성제국대학'은 '서울대학'으로 공식
적으로는 명칭이 변경되었으나, 1946년 8월 22일 '서울대학교'로 개편되기 이전
에는 '경성대학'으로 불렸음(연구자 주).

〈표 8〉과 같이 개편된 국립 서울대학교는 학생 수 7,206명의 당시
로는 가장 큰 대학교로 발돋움한 것이다. 아울러 명실상부하게 각 분
야를 포괄하며 한국을 대표하는 종합대학교로서의 위치도 지니게 되
었다.

1946년에는 이화여자전문학교·연희전문학교·보성전문학교가
각각 이화여자대학교·연희대학교·고려대학교의 종합대학교로 승
격되었고, 역시 전문학교였던 혜화전문학교·명륜전문학교·경성약
학전문학교·부산수산전문학교·대구농업전문학교·대구사범학
교·광주의학전문학교가 동국대학·성균관대학[6]·서울약학대학·
부산수산대학·대구농과대학·대구사범대학·광주의과대학으로 승
격되었고, 부산대학과 청주상과대학이 신설되었으며 대학에 준하는

6 『동아일보』, 1945년 12월 10일자.

교육기관인 감리교신학교가 새로이 만들어졌다. 신설된 대학들은 지방에 설립되었다는 특징을 지니고 있으며 이는 각 지방의 대학설립 운동이 열매를 맺은 결과라고 할 수 있다. 특히 대학이 존재하지 않았던 충청권의 청주상과대학의 설립은 고등교육 기회를 강원과 제주지역을 제외한 전국적으로 확대하게 되는 계기가 이루어진 중요한 변화였다.

해방 직후 부산에는 민립대학 기성회, 남선대학 기성회를 위시한 대학설립 기성회가 난립 되었다. 당시 경상남도 학무국장 윤인구는 미국인 고문관 에디 중위와 상의하여 대학설립 기성회를 정비하고 부산에 국립 종합대학을 설치하려고 하였다. 당시 계획으로 부산대학은 수산전문학교를 대학으로 승격시켜 종합대학으로 만들려 했으나 국대안 반대선풍이 부산종합대학안 반대까지 파급되어 혼란을 가져왔다. 부산대학은 1946년 8월에 개교하였는데 국립대학으로서의 법적 근거가 없다는 이유로 예산지원을 받지 못하다가 정부수립 후에 국립대학으로 자리 잡게 되었다.

설립 또는 개편된 국립대학들은 주로 영남지역에 편중되어 있었다. 이 지역들이 일제 강점기 이래로 근대화된 도시로서의 경제수준과 인구집중도가 다른 지역보다는 높았기 때문이다. 즉 도시로의 발전이 보다 진전된 곳인 만큼 인구가 밀집되어 있었으며 학교시설로 이용할 수 있는 것들이나 제반 여건들이 다른 지역보다 우수했을 것이라는 점을 간과할 수 없다.

대구농과대학은 원래 국립대학설치령에 따라 1946년 9월에 설치된 것인데 이는 1944년 4월에 개교한 관립대구농업전문학교가 4년제로 개편된 것이다. 그런데 1946년에 있었던 대구폭동(소위 10·1사건)으로 전 대학생이 퇴학처분을 당한 뒤에 재입학이 이루어졌고, 1947년 9월에 2년제에서 4년제 대학으로 개편되었다. 이 학교는 1951년도에 대구사범대학·대구의과대학을 합쳐 국립 경북대학으로 변화하였다.

1947년도에는 세브란스의학전문학교·경성천주공교신학교가 세브란스의과대학·성신대학으로 승격되었고 단국대학·동아대학·대구대학·이리농과대학·춘천농과대학이 신설되었으며 대학에 준하는 한양기술대학관·한국대학관이 신설되었다. 공립으로 이리농과대학과 춘천농과대학이 신설된 것은 지방의 열악한 교육여건에 대한 감안과 농업 종사 인구가 대다수인 점이 고려되어 농업에 대한 육성 정책에 의한 것이었다.

이리농과대학은 일제 강점기 하에서의 이리농림학교였다. 1944년 당시 조선총독부 학무국은 이를 대구·함흥의 농림학교와 함께 농업전문학교로 승격시키려고 하였다. 당시 이리에서는 일본인 지주들의 비협조로 자금을 마련할 수 없어서 승격이 이루어지지 못하다가 해방 이후 농과대학으로 인가를 받을 수 있게 된 것이다. 이후 이 학교는 전주 명륜대학과 군산대학관을 합쳐서 1952년 국립 전북대학교가 되었다.[7]

춘천농과대학은 농업대학 설립을 희망하던 대구, 이리 등과 함께 춘천에 만들어진 대학이었다. 미군정 당국은 수원농림전문학교장과 한국교육위원회 위원이었던 조백현을 단장으로 문교부의 대학교육과장, 실업교육과장 등을 위원으로 하는 조사단을 구성하여 이 세 곳을 조사케 하였다. 춘천농과대학은 이런 과정 속에서 설립되었으며

---

7 전북대학교, 『전북대학교50년사』, 1997, 3~7쪽.

이를 모체로 1970년 국립 강원대학교로 발전하였다.

1948년도에는 서울여자의학전문학교 · 숙명여자전문학교 · 중앙여자전문학교(1947년도에 중앙여자대학) · 국민대학관 · 조선대학원이 서울여자의과대학 · 숙명여자대학 · 중앙대학 · 국민대학 · 조선대학으로 승격되었고, 2년제 공주사범대학과 대학에 준하는 홍익대학관 · 동양대학관 · 전주명륜대학 · 군산대학관 · 중앙신학교 등이 신설되게 되었다.

이 시기에 설립된 공립학교는 이후 국립으로 바뀌는 경우가 많았는데 이 대학들은 이후 설치 지역을 중심으로 상대적으로 낙후된 지역의 고등교육 기회를 부여하는데 기여하게 되었다.

이 시기에는 개교가 불투명했거나 또는 설립신청과 문교부 인가 사이의 혼란스러운 과정으로 인하여 정확한 정리가 어려운 학교들도 있었지만 이 시기에 많은 대학들이 설립되었으며 사립학교의 경우에도 훗날 한국의 중요한 사립대학으로 발돋움하는 학교들이 주로 이 당시에 많이 설립되었음을 알 수 있다. 이처럼 해방 직후부터 정부수립 직전까지 많은 대학들이 설립되었다. 특히 사립대학들은 신학 계통을 제외하고는 대개 종합대학교로서의 성격을 지니면서 출발하고 있었다. 해방 이후 시간이 갈수록 매 해 마다 많은 학교들이 〈표 9〉와 같이 개편되거나 인가를 받게 되었다.

〈표 9〉 美軍政期 大學 設立 · 改編 現況(1945~1948)

연도 구분	1945	1946	1947	1948 (정부수립직전)	소재지	기타
국립	경성제국대학 경성경제전문학교 경성치과전문학교	서울대학교(8.22)	-	-	서울	

	경성법학전문학교				
	경성의학전문학교				
	경성광산전문학교				
	경성사범학교				
	경성공업전문학교				
	경성여자사범학교				
	수원농림전문학교				
	경성음악학교				
	진해고등상선학교 (11.5)	진해해양대학 (8.15)	인천해양대학 통합	조선해양대학	인천
	부산수산전문학교	부산대학교로 통합 (5.15) 부산수산대학 분리 (12.15)	-	-	부산
		부산대학(5.15)	-	-	부산
	대구의학전문학교	대구의과대학(10.1)	-	-	대구
	대구농업전문학교		대구농과대학(9)	-	대구
	대구사범학교		대구사범대학(10)	-	대구
공립	광주의학전문학교	광주의과대학(9)	-	-	광주
				진주농과대학(8.14)	진주
			이리농과대학(10.15)	-	이리
				공주사범대학(7.31)	공주 2년제
			춘천농과대학(6.14)	-	춘천
사립	이화여자전문학교	이화여자대학교 (8.15)	-	-	서울
	조선기독전문학교	연희대학교(8.15)	-	-	서울
	보성전문학교	고려대학교(8.15)	-	-	서울
	명륜전문학교	성균관대학(9.25)	-	-	서울
	혜화전문학교	동국대학(9.20)	-	-	서울
	세브란스 의학전문학교		세브란스의과대학 (8)	-	서울
	서울여자 의학전문학교			서울여자의과대학 (5.22)	서울
	경성약학전문학교	서울약학대학	-	-	서울
	숙명여자전문학교	-	-	숙명여자대학(5.22)	서울

중앙보육학교 중앙여자전문학교	-	중앙여자대학(4)	중앙대학(5.25)	서울
	국민대학관(9.1)	-	국민대학(8)	서울
건국의숙(10)	조선정치학관(5.15)	-	-	서울
홍문대학관(4.25)	-	홍익대학관(8.10)	서울	
경성천주공교신학교		성신대학(4.30)	-	서울
	국학전문학교	국학대학(11.19)	-	서울
배영학원		단국대학(11.1)	-	서울
건국기술학교(10)		한양기술대학관(12)	한양대학(7.1)	서울
		한국대학관(2)	-	서울
			동양의학관(3.24)	서울
	남조선대학(9)	동아대학(12.30)	-	부산
		대구문리대(3.10)	대구대학(9.22)	대구
	광주야간대학원 (9.29) 조선대학원(11.23)	-	조선대학(5.26)	광주
			명륜대학(8.1)	전주
		군산동지숙(9.1)	군산대학관(8)	군산
	청주상과대학(11.18)	-	-	청주
서울신학교(11)		-	-	서울
			중앙신학교(8.12)	서울
	감리교신학교(1)	-	-	서울
조선신학교	-	-	-	서울

* ( )는 설립·개편일 임

2. 大學 設立主體 및 類型別 分析

각 대학의 설립주체와 유형별로 분석하면 우선 대상이 되는 총 41
개교의 설립의 주체를 보면 국립 7개교, 공립 5개교, 사립 29개교이
다. 이를 비율로 보면 국립 17.1%, 공립 12.2%, 사립 70.7%로 사립대

학이 수적 대부분을 차지한다고 볼 수 있다. 학생 수에서는 국립 서울대학교가 있는 관계로 국립과 공립대학이 더 큰 비중을 차지하고 있다.

대부분의 학교가 서울 편중이 심하다는 점은 해방 이후 미군정 기간에도 변하지 않았다. 정부 수립 직전에는 전체 고등교육기관 가운데 약 59%에 달하는 24개교가 서울에 소재지를 두고 있다. 다음으로는 부산이 3개, 대구가 4개, 진주 1개로 영남권이 약 20%의 비율을 나타내고 있다. 따라서 나머지 지역이 남은 20% 미만을 차지하고 있다. 호남권은 광주 2개, 이리 1개이며, 그 외 인천 1개, 춘천 1개, 청주 1개 등이다. 이러한 대학의 서울 편중 현상은 이후의 대학 발전사에도 커다란 영향을 미쳤다고 볼 수 있다. 이는 이후 한국 사회의 발전 과정 속에서 지방민의 대학교육을 위한 서울로의 지향은 인구집중을 낳은 한 요인이 되었다는 점에서 주목해 보아야 할 것이다.

다음으로 대학 설립 유형의 대체적인 모습을 살펴보면 첫째, 국립 서울대학교를 위시한 종합대학 형태의 대학이 17개교로 전체 35개교 중에서 약 50%의 비율을 점하고 있다. 그 중에서는 종합대학으로서의 실제 면모를 갖추고 있는 대학은 그리 많지 않았다. 대학 중에서는 시설이나 교수인력의 부족 또는 학제의 미비 등으로 인하여 명목상으로만 대학 형태를 지닌 학교들이 많았기 때문이다.[8]

---

8 數日前 文敎部로부터 新聞紙上에 發表된 바에 의하면 南朝鮮에 있는 大學의 數는 正規大學이 二十校 大學 認可 申請中에 있는 것이 三校 기타 "大學令에 의한 各種學校"라고 할 수 있는 "準大學"이 五校 都合 二十八校라는 尨大한 數字에 達한다. 그런데 이상 二十八校 中에는 서울, 延禧, 高麗, 梨花, 釜山 等 五綜合大學이 包含되어 있으므로 此를 單科大學으로 풀어서 計算한다면 現在 南朝鮮에

둘째로 주목되는 점은 기독교 계통의 학교들이다. 이들은 연희대학교와 이화여자대학교를 비롯한 몇몇 신학교의 설립에서 찾아볼 수 있다. 이는 기독교적 성향이 강한 미군정의 문교정책 및 이와 관련되어 있는 백낙준 등을 위시한 기독교인들의 활약과 관계가 깊었다고 하겠다.

셋째는 각 기술 분야와 실업분야 예컨대 의학, 약학, 상업, 농업 등과 관련된 단과대학의 설립이 많았다는 점이다. 이들 대학은 특히 각 지방에서의 설립이 활발했는데 이는 지방의 교육열과 현실적 여건을 반영한 것이다. 즉 이런 대학들의 설립은 각 지역에 필요한 기술 인력을 수급하려는 현실적 목표와 함께 열악한 교육시설과 교수인력의 부족 등이 감안되었을 것이기 때문이다. 이런 대학들은 이후 시간이 지나면서 점차 각 지역사회의 중심 대학으로 발전한다는 점에서 주목해야 할 사실들이다. 대개의 대학들은 서로 간의 통합 등을 통해서 점차 교육 수요에 걸맞는 종합대학으로 변모하게 되는데 이런 점에서 이 시기 대학들은 우리나라 대학 초창기의 특징을 〈표 10〉과 같이 보여주고 있으며 개교 당시 학과 개설 현황은 〈표 11〉과 같다.

있는 大學總數는 實로 四十餘校라는 놀라운 數字에 달한다. … 根本的 原因을 잠시 論外로 하고 大學自體가 가지고 있는 大學 危機의 原因을 따져 본다면 一. 財政窮乏, 二. 敎授陣의 不足, 三. ○○ 其他 硏究材料의 入手難을 들 수 있다. 그러나 이 여러 가지 원인은 다시 한가지 根本的인 것으로 歸一되는 것이니 그것은 大學의 意義와 使命에 대한 一般의 認識의 缺如이다(兪鎭午, 조선교육, 1947.12.23).

〈표 10〉美軍政期 大學의 類型別 現況(1948. 8 기준)

학교명 ('48. 8 당시)	설립 주체	설립 (개편)일	설립자	소재 지	전신학교	최종교명	비고
서울대학교	國立	46.8.22		서울	경성대학 경성경제전문학교 경성치과전문학교 경성법학전문학교 경성의학전문학교 경성광산전문학교 경성사범학교 경성공업전문학교 경성여자사범학교 수원농림전문학교 경성음악학교	서울대학교	종합대
梨花女子大學校	私立	46.8.15		서울	이화여자전문학교	이화여자대학교	종합대 기독교
延禧大學校	私立	46.8.15		서울	조선기독전문학교	연세대학교(57)	종합대 기독교
高麗大學校	私立	46.8.15	金性洙	서울	보성전문학교	고려대학교	종합대
成均館大學	私立	46.9.25	향교 재단	서울	명륜전문학교 (42, 45)	성균관대학교(52)	유림
東國大學	私立	46.9.20	불교 재단	서울	혜화전문학교	동국대학교(53)	
세브란스 醫科大學	私立	47.8		서울	세브란스 의학전문학교	연세대학교(57)	기독교
서울女子 醫科大學	私立	48.5.22	朴春子	서울	서울여자 의학전문학교	수도의대(57) 우석대학교(65) 고려대학교(71)	
서울藥學大學	私立	1945		서울	경성약학전문학교	서울대학교 (50.9.30)	
淑明女子大學	私立	48.5.22		서울	숙명여자 전문학교(39)	숙명여자대학교 (55)	
中央大學校	私立	48.5.25	任永信	서울	중앙보육학교 중앙여자전문학교 (45.9.29) 중앙여자대학 (47.4)	중앙대학교(53)	

대학명	설립	인가일	설립자	소재지	전신	변천	비고
國民大學	私立	48.8	申翼熙	서울	국민대학관 (46.9.1, 46.12.18)	국민대학교(48)	최초 사립 야간
朝鮮政治學館	私立	46.5.15 46.8.29	劉錫昶	서울	건국의숙(45.10)	정치대학(49) 건국대학교(59)	
弘益大學館	私立	48.8.10	梁大淵	서울	홍문대학관 (46.4.25)	홍익대학교(49)	
聖神大學	私立	47.4.30		서울	경성천주 공교신학교(45.2)	카톨릭대학교(59)	
國學大學	私立		정인보	서울	국학전문학교(46)	우석대학에 통합 (65) 고려대학교에 통합(71)	
檀國大學	私立	47.11.1	張炯	서울		단국대학교(67)	
漢陽技術大學館	私立	47.12	김연준	서울	건국기술학교 (45.10)	한양대학교(59)	
韓國大學館	私立	47.2 47.10	한관섭	서울		국제대학(55) 서경대학교(87)	야간
東洋大學館	私立	48.3.24		서울	동양의학관	동양의과대학 경희대학교에 통합(64)	
朝鮮海洋大學	國立	47.1.30 인천대와 통합		인천	진해고등상선학교 (45.11.5) 진해해양대학 (46.8.15)	국립조선해양 대학(48.10) 국립해양대학 (50.1.1) 한국해양대학 (56.7.14)	
釜山水産大學	國立	46.12.15		부산	부산수산전문학교 (44.4.6) 부산대학(46.5.15)	부경대학교(96)	
釜山大學	國立	46.12.15		부산	부산대학(46.5.15)	부산대학교(53)	
東亞大學	私立	47.12.30		부산	동아학숙 남조선대학(46.9)	동아대학교(59)	
大邱醫科大學	國立	45.10.1		대구	대구의학전문학교 (33.3)	경북대학교로 통합(51)	

大邱農科大學	國立	46.9		대구	대구농업전문학교 (44.4)	경북대학교로 통합(51)	
大邱師範大學	國立	46.10		대구	대구사범학교 (44)	경북대학교로 통합(51)	
大邱大學	私立	47.9.22 47.10.1	정해붕	대구	대구문리대 (47.3.10)	영남대학교(67)	
晉州農科大學	公立	48.8.14 48.10.20		진주		경상대학교(80)	
光州醫科大學	公立	46.9.1		광주	광주의학 전문학교	전남대학교로 통합(52)	
朝鮮大學	私立	48.5.26	설립 동지회	광주	광주야간대학원 (46.9.29) 조선대학원 (46.11.23)	조선대학교(53)	
裡里農科大學	公立	47.10.15 48.4.5		이리		전북대학교로 통합(51)	
明倫大學	私立	48.8.1 49.8	향교 재단	전주		전북대학교로 통합(51)	
群山大學館	私立	48.8	金宣得	군산	군산동지숙 (47.9.1)	군산대학(50) 전북대학교로 통합(51)	
淸州商科大學	私立	46.11.18	金元根 金永根	청주		청주대학교(81)	개교 1호
公州師範大學	公立	48.7.31 48.8.1		공주		공주대학교(90)	국립 50.6.21
春川農業大學	公立	47.6.14 47.9.10		춘천		춘천농과대학(52) 강원대학교(70)	국립 (53)
서울神學校	私立	45.11		서울	경성신학교	서울신학대학 (53)	기독교 성결교
中央神學校	私立	48.8.12	李浩彬	서울	중앙신학원 (46.8.1)	강남사회 복지학교(76) 강남대학교(89)	기독교
監理敎神學校	私立	46.1	梁柱三	서울		감리교 신학대학교(64)	기독교
朝鮮神學校	私立	45	김대현	서울	조선신학교(40.4)	한국신학대학(51) 한신대학교(80)	기독교

* 설립(개편)일의 위의 일자는 인가일임

〈표 11〉 대학별 개교시 학과 개설 현황(1945~1948)

학교명	개교시 개설학과
서울대학교	문리과대학 : 국어국문학과, 영어영문학과, 독어독문학과, 불어불문학과, 중어중문학과, 언어학과, 사학과, 사회학과, 종교학과, 철학과, 심리학과, 정치학과, 수학과, 물리학과, 화학과, 지질학과, 생물학과 공과대학 : 전기공학과, 기계공학과, 토목공학과, 건축공학과, 화학공학과, 야금학과 농과대학 : 농학과, 임학과, 농공학과, 수의학과, 농화학과, 농생물학과, 농경제학과 법과대학 : 법학과 사범대학 : 교육과, 국문과, 영문과, 사회생활과, 수학과, 물리화학과, 생물과, 가정과, 체육과 상과대학 : 경제학과, 상학과 예술대학 : 음악부, 미술부(회화과, 조각과, 도안과) 의과대학 : 의학과 치과대학 : 치의학과
梨花女子大學校	한림원 : 문과, 가사과, 체육과, 교육과, 아동교육과 예림원 : 음악과, 미술과 행림원 : 의학과, 약학과
延禧大學校	문학원(500) : 국문과, 영문과, 사학과, 철학과, 정치외교과, 교육과 상학원(100) : 상학과, 경제학과 이학원(200) : 수학과, 물리기상학과, 화학과 신학원(100) : 신과
高麗大學校	정법대학 : 정치학과(240), 법률학과(240) 경상대학 : 경제학과(240), 상학과(240) 문과대학 : 국문학과(120), 영문학과(120), 철학과(120), 사학과(120)
成均館大學	哲政科, 經史科
東國大學	문학부 : 불교과, 국문과, 영어영문과, 사학과 경제학부 : 정치학과, 경제학과, 법학과 전문1부 : 불교과, 문과, 사학과 전문2부 : 불교과, 문화과, 역사과
세브란스醫科大學	의학과
서울女子醫科大學	의학과
서울藥學大學	약학과

淑明女子大學	문학부 : 국문학과(200), 영문학과(200), 음악학과(80), 미술학과(80) 이학부 : 가사학과(200), 이학과(120)
中央大學校	문학부 : 문학과(160), 교육학과(160) 상경학부 : 상학과(160), 경제학과(160)
國民大學	법률학과, 정치학과, 경제학과
朝鮮政治學館	정치과(240), 경제과(240)
弘益大學館	문학과, 법학과, 사학과
檀國大學	정치학부 : 정치학과, 법률학과 문리학부 : 사학과, 수학과, 물리학과 통신교육부 : 법률과, 정치경제과
漢陽技術大學館	토목과, 전기과, 건축과, 기계과
朝鮮海洋大學	항해학과, 기관학과, 조선학과
釜山水産大學	수산물리학과, 수산화학과, 수산생물학과
釜山大學	문리학부 : 인문학과(국문학전공, 영문학전공, 철학전공), 사회과학과 : 제1부(정치학전공, 법학전공) 제2부(사학전공, 사회학전공, 보 건학전공), 자연과학과(수학전공, 화학전공, 생물학전공) 상경학부 : 상학과, 경제학과
東亞大學	법학부 : 법률학과 문리학부 : 문학과, 정치경제학과, 수학과, 물리학과
大邱醫科大學	의학과
大邱農科大學	농학과, 농예화학과
大邱師範大學	영문학과, 사회생활과, 물리화학과
大邱大學	영문학과, 철학과, 법학과, 정치학과, 경제학과, 응용화학과
晉州農科大學	농학과
光州醫科大學	의학과
朝鮮大學	문리학부 : 정치학과, 경제학과, 수학과, 문학과, 철학과, 화학과, 　물리학과 전문부 : 정치학과, 경제학과, 수학과, 문학과, 철학과, 화학과, 　물리학과
裡里農科大學	농학과
明倫大學	국어한문과, 법률과
群山大學館	법과
淸州商科大學	상과
公州師範大學	국문과, 수학과, 가사과
春川農業大學	농과

* ( )는 정원임

3. 大學 設立과 改編過程

국립 서울대학교의 경우를 제외하고는 대부분 지역의 대학들은 기성회 활동을 중심으로 하여 설립되거나 기존의 전문학교가 새로이 4년제 대학으로 개편되었다. 대체로 이 두 가지 경우가 미군정기 대학 설립과 개편의 보편적인 현상이었다. 기존 전문학교의 대학으로의 개편은 앞에서 언급하였듯이 경성대학과 서울의 국·공립 전문학교들은 서울대학교로, 대구의학전문학교·대구농업전문학교·대구사범학교·광주의학전문학교·광주농학전문학교는 독자적으로 대학으로 승격하였다. 사립은 연희전문학교·보성전문학교·이화여자전문학교·명륜전문학교·중앙보육학교(중앙여자전문학교)·혜화전문학교 등이 대학으로 승격하였다.

고려대학교의 경우에는 보성전문학교가 종합대학교로 승격한 것으로 이화여자대학교, 연희대학교와 같이 1946년 8월 15일에 인가를 받았다. 처음에 이 학교의 이름으로 '朝鮮'·'韓國'·'安岩' 등 몇 가지 안이 나왔는데 김성수의 '高麗'로 해야 한다는 주장이 관철되었다.[9] 김성수는 이 이름을 정해 놓고 당시 발족하려는 국립대학인 서

---

9 이제 우리가 세우는 대학은 반드시 우리나라와 민족을 대표하는 대학이 되어야 하겠고, 그러자면 교명도 마땅히 한국사상 국호 중에서 민족사의 꿋꿋한 정통성을 상징하는 것이어야 하겠는데, '朝鮮'이나 '韓國'은 외세에 시달린 상처 때문에 개운치 못하다는 것, 이 '高麗'도 거란·여진·몽고 등의 외침에 시달리긴 했으나 '高句麗'의 씩씩한 기상과 그 자강자주의 영광을 계승하였을 뿐 아니라 문화도 찬란하였고, 삼국통일의 위업을 계승한 왕조로서 대고구려의 웅비하는 민족의지를 대표하고 있어 마음에 든다고 했다. 거기다가 오늘날 우리나

울대학교에게 이를 빼앗길까봐 조바심하면서 서둘러 인가 신청을 냈다고 한다.[10] 이 경우는 새로운 학교명의 제정과 관련된 이야기이지만 당시 학교운영자들의 의식을 잘 드러내 주고 있다.

연희대학교의 경우에도 학교명이 문제가 되었다. 그것은 일제 때는 Chosen Christian College이었지만 해방 후에는 Chosun Christian College로 되었으므로 대학교 설립에는 당연히 Chosun Christian University가 되어야 하기 때문에 연희전문학교의 연희를 그대로 살리자는 주장도 있었고 고려대학교의 경우처럼 아예 새로운 출발을 뜻하여 조선대학교로 하자는 의견도 있었다. 그러다가 연희라는 명칭을 그냥 사용하기로 했던 것이다.[11]

한편 고려대학교 초창기에는 3개 대학 8개 학과에 1,440명의 정원이 책정되었다. 이를 보면 다음과 같다(괄호 내는 모집정원)

정법대학　정치학과 240(60)　법률학과 240(60)
경상대학　경제학과 240(60)　상학과 240(60)
문과대학　국문학과 120(30)　영문학과 120(30)
　　　　　철학과 120(30)　사학과 120(30)

총계 1,440(360)

라의 외국어 명칭인 Korea, Coreé도 '高麗'의 음을 표기한 점에서 우리 민족이 세계에 알려진 대표적 구호이므로 적격이다(유진오, 「養虎記 後篇」 제5회 「高大會報」 46호, 1974년 5월 5일).

10 고려대학교, 『고려대학교 구십년지』, 1995, 292~293쪽.
11 연세대학교, 위의 책, 1985, 346쪽.

이상과 같이 고려대학교가 운영되었던 것은 일본 대학의 학제 운영과 관련이 깊었다. 또한 전문학교로서 일제하에서는 과학기술과 관련된 학과를 설립하기 어려웠던 것도 위와 같은 세 단과대학만이 존속할 수 있었던 이유가 된다.

김성수는 1915년 중앙중학교를 설립하고 1932년 운영난에 빠진 보성전문학교를 인수하였으나 일제하에서는 양 학교의 재단을 별도로 운영하였다. 해방 이후 1946년 5월 31일에 재단법인 보성전문학교를 해산하고 그 재산을 중앙학원에 흡수하여, 같은 해 8월 15일 중앙학원 주무이사 김성수 명의로 미군정청 문교부의 인가를 얻어서 고려대학교를 설립하게 되었다.

한편 기존의 학교로서 약간의 혼란을 겪은 곳도 있었다. 숙명여자대학의 경우는 원래 숙명여자전문학교였다. 이 학교는 해방과 더불어 1945년 10월 초에 개학하였다. 이때 당면한 과제는 해방과 더불어 일본인 교장이 교장직을 사임하였기 때문에 신임교장을 선출하는 일이었다. 학교측은 1945년 8월 18일 成義敬을 임시위원장으로 하여 교장 추대를 위한 추진위원회를 구성하여 임숙재를 선출하였으나 재학생들은 김호식 교수를 지지하여 혼란이 생겼다.[12] 이러한 혼란은 성의경, 김기용 및 졸업생의 설득으로 수습되어 임숙재가 초대교장으로 미군정으로부터 추인받아 1946년 7월 17일 취임하였다.[13]

학사에 관련해서는 이전과 다르게 학과의 변동이 있었다. 물리화학과는 理科, 피복과는 가사과로 개편되었고 보건과는 폐지하고 대신

---

12 숙명여자대학교, 『숙대오십년사』, 1989, 45쪽.
　『동아일보』, 1946년 6월 8일자.
13 『동아일보』, 1946년 7월 16일자.

문과를 신설하였다. 학생정원은 이과 90명, 가사과 150명, 문과 150명으로 정해졌다. 이후 1948년 5월에 숙명여전은 대학으로 승격하여 숙명여자대학이라고 하였으며 문학부와 이학부를 설치하였다. 문학부는 국문학(200명), 영문학(200명), 음악학(80명), 미술학과(80명)로 구성되었고 이학부는 가사학(200명), 이학과(120명)로 구성되었다.[14]

불교계의 혜화전문학교의 경우에는 1940년 교명이 변경된 이래 불교과, 흥아과를 운영하다가 1944년 5월 30일에 일제에 의해 학교가 폐쇄되었다. 그러다가 해방이 된 후에 불교종단측과 혜화전문학교장이었던 허윤 등을 비롯한 교수와 학생들은 학교를 재건하여 대학으로 승격시키고자 하였다. 전시에 일본군에게 징발된 종로구 혜화동 소재의 교사는 다시 반환받았으나 대학건물의 규모로는 미흡하였다. 그에 따라 조계학원 이사측과 허윤 등은 대학을 현 교사 자리인 중구 필동에 설립할 것을 결정하였다. 이 부지는 조계사 소유였으며, 기와지붕 7동의 건물이 있었기 때문이다.[15] 그리고 재단법인 조계학원이 재단기구를 개편하는 한편 1946년 5월 20일 제3차 중앙교무회의를 통해 토지 200만 평을 기증하기로 하였다. 그 결과로 대학승격의 외적 조건이 갖추어져 1946년 9월 20일자로 대학으로 승격, 인가받을 수 있었다. 이렇게 설립된 동국대학은 종교재단이 전격적으로 토지를 기증하는 등 여러 노력을 거친 끝에 승격된 경우라고 할 수 있다.

단국대학의 경우에는 개인이 중심이 되어 사립대학을 만든 사례이다. 창설의 주역인 張炯은 만주로 망명을 했다가 1946년 7월에 귀국

---

14 숙명여자대학교, 위의 책, 1989, 54쪽.
15 동국대학교,『동국대학교 90년지』1(약사편), 1998, 77쪽.

하였다. 교육 사업에 뜻[16]을 두고 있던 그는 亡夫 박기홍의 유산 약 100만 평의 토지를 공익사업에 바치려는 조희재와 뜻을 같이하게 되었다.

육영사업을 위하여 신익희가 운영하는 國民大學館에 이를 희사하기로 하여 먼저 5만 평의 토지를 내놓았다. 1946년 8월 1일로 장형이 이사장에 취임하였고 신익희를 관장으로 하여 보인상업고등학교 건물을 빌려 국민대학관(야간)을 개설하였다. 이 운영을 둘러싸고 장형과 신익희간의 의견대립이 생겼다. 특히 金九의 노선을 따르던 장형은 한민당으로 옮겨간 신익희를 이해할 수 없었고 학교운영에도 많은 이견이 있었다.[17]

그 결과 장형은 신익희와 결별할 것을 결심하고 당초 희사하기로 한 조희재의 재산 가운데 이미 희사한 토지 5만 평을 제외한 나머지 전체를 유보하였는데 그 재산의 잔여재산은 당시 시가 1억원 상당의 토지로 논산 소재 약 100만 평이었다.

신익희와 결별한 장형은 낙원동에 朝鮮政治學館 교사 일부를 임대하여 배영학관을 설립하여 학생모집을 시작하였다. 이 배영학관은 훗날 단국대학으로 병합되었다. 단국대학 설립사무소를 만들어 사무장

---

16 滿洲에서 돌아와 보니 수많은 뭇 政黨이 생기고 예전에 있던 대학은 전부 일제 강점기의 전문학교인데 그것을 간판만 대학이라 갈아붙이고 있는 실정이어서 새 나라에 어울리는 신설대학을 하나 세워 청년만을 가르쳐 보자는 의도에서 본교를 창립하게 되었던 것입니다. 내가 그때 느낀 것은 이 늙은 사람이 뭇 사람이 날뛰는 政黨 사람이 되는 것보다는 차라리 인재를 양성하는 교육기관을 만들어서 좋은 일꾼을 사회에 배출하는 것이 더 유익하리라는 것이었습니다(『단국대학교 50년사』(상), 단국대학교, 1997, 95쪽).

17 단국대학교, 위의 책, 95~96쪽.

에는 백원강, 재단형성 및 기부행위 문서작성에는 김정실이 맡아 추진하였다. 조선정치학관의 설립자인 유석영과 장형 사이에서는 단국대학의 설립인가가 나옴에 따라 갈등이 노골화되기도 하였다. 설립사무는 6개월 동안 추진되었고, 1947년 11월 1일부로 인가되었다.[18] 이와 같은 경우는 다른 학교의 설립과정(특히 국민대학)과 겹치기도 하였는데 정치적 이유가 학교설립과정에서의 갈등으로 나타난 하나의 사례였다.

부산지역의 경우 부산대학·부산수산대학·동아대학의 설립·개편 과정은 지방에서의 대학 설립운동을 잘 보여주는 좋은 사례이다. 부산에서의 대학설립운동은 1945년 가을에 몇 개의 기성회가 등장하여 본격화되었으나 대학설립 추진자들 중에는 진실로 교육 사업을 이해하는 독지가는 많지 않고 대학설립을 빙자하여 일본인들이 남기고 간 적산을 불하받으려는 의도를 지닌 사람들이 많았다.

부산의 대학설립운동 중에서 비교적 이념이 뚜렷한 사립대학 설립운동을 추진한 단체는 民立大學 설립기성회와 南鮮大學 설립기성회였다. 민립대학 설립기성회는 1945년 10월 9일 도청회의실에서 20여 명의 부산 시내 유지가 집합하여 발기인회를 열어 기성회를 조직하고 도내 각 부·군 대표를 위원에 임명하였다. 위원장은 김병규이고 총무부장·기획부장·재무부장·상임위원·보통위원 등 90여 명의 인원으로 구성되었다. 그 외 군정 관료와 지역 유지들이 여기에 참여하였다.[19]

---

18 단국대학교, 앞의 책, 1997, 96쪽.
19 부산대학교, 『부산대학교 오십년사』, 1997, 11쪽.

남선대학 설립기성회는 남선대학 설립원을 문교부에 제출하여 10월 10일 에디 학무감독관으로부터 설립인가를 받았다. 이 대학은 1946년 4월 개학을 목표로 하여 준비를 진행하였다. 이 기성회는 남선재단(현 南星財團) 이사장이던 김길창 목사가 중심이 되어 미군정청 경상남도 고문 정기원 박사의 후원 아래 추진되었다.

민립대학 설립기성회는 경남 도지사 이하 도청간부로 진출한 인사를 제외하고는 민간인으로 구성되어 일제가 강제 징발했다가 영도 조선중공업주식회사의 창고에 방치하고 간 유기(놋그릇)를 관재청으로부터 불하받아 그것을 각 초·중등학교를 통해 처분함으로써 민립대학 설립기금 80만원을 확보하게 되었다. 그 뒤 기성회는 민립대학 설립재단을 구성하기 위해 추진하던 적산이던 카시이(香椎) 어장 불하가 '어장은 어민에게로' 라는 미군정청의 방침으로 재단 설립안이 좌절되었다. 이를 계기로 민립대학 설립기성회는 와해 직전의 상태에 이르게 되었다.

이같이 민립대학 설립기성회의 활동이 지지부진하자 1945년 10월 중순경에 미군정청 경상남도 내무부 학무과장 윤인구는 학무과 에디 감독관과 협의하여 부산 시내 모든 대학 설립단체를 통합하여 도립대학 설립 계획을 추진하게 되었다. 이에 윤인구는 부친 윤상은을 통해 일본 유학시절 인연을 맺은 미군정청 학무부장 유억겸과의 친분관계를 이용하여 국립대학의 설립으로 방향을 바꾸어 대학설립기성회를 통합하여 국립대학 설립에 나서게 되었다.

1945년 12월 하순 각 대학 설립기성회 간부 즉 민립대학 설립기성회 측의 김동산, 남선대학 설립기성회 측의 문병조, 그리고 일제 때의 초량상업학교 설립자이고 해방 후 경상남도 교육고문으로 있던 김재

준 등이 참석하여 경상남도 당국의 무조건 통합론에 전폭적으로 찬성하고 통합업무는 경상남도 학무과장 윤인구에게 일임하기로 하였다.

1946년 초 남선대학 설립기성회측은 통합론에 반대하고, 이 기성회는 정기원을 총장으로 추대하고 1946년 2월부터 신학부와 예과에 한 해 신입생 모집을 광고하였다. 학교명은 '남조선대학'으로 바꾸었다.[20] 각 대학 설립기성회의 통합계획은 좌절되고 연말부터 태동하고 있던 국립대학 설립계획과 사립대학으로서의 남조선 대학 설립계획으로 양립하게 되었다.[21]

경상남도 학무국은 서울 군정청의 인가가 없었음을 이유로 남조선대학의 개교를 부인하였다. 따라서 학생모집 광고를 취소하고 개학을 연기하라고 주장하였다. 그리고 대학설립을 위한 위원회 조직과 기금 모집을 허락한 일이 없다며 불법적인 남조선대학측의 행위를 중단토록 요구하였다. 이에 대해 남조선대학측은 당시 군정청 학무국장 유억겸에 의뢰한 결과 법적인 문제가 없다고 했다는 이유로 경남 학무국의 조치를 무시하였다.

이처럼 경남 학무국과 대립하던 남조선대학은 2월 18일 군정청 고등교육감독관 마일 대위가 부산에 내려와 조정하면서 방향을 바꾸게 되었다. 마일 대위는 김길창과 회의를 통해 학교운영을 위한 재정문제, 교수진과 교수를 위한 설비문제, 학교 건물로 사용될 시설문제 등이 대학설립을 위한 조건에 불리하다는 판정으로 모든 조건을 구비한 후 다시 정식허가를 받을 것을 권유하였다. 이에 남조선대학은 정식

---

20 『서울신문』·『동아일보』, 1946년 9월 11일자.
21 부산대학교, 위의 책, 1997, 12쪽.

인가 없이 4월 2일 임시명칭 '남조선법문학원'으로 개학하였다.

그리고 4월 초 민립대학설립추진위원회에서도 학생을 모집하였고 교수, 校舍, 기타 문제를 고려할 때 두 개의 대학 탄생이 불가능하다는 여론에 밀려 두 대학의 통합 논의가 있었으나 민립대학측은 남조선대학의 기독교 중심의 학교 설립 목적에 불만을 가지고 있었다. 따라서 두 학교의 통합은 논의만으로 끝나고 민립대학측은 부산대학의 설립에 적극 가담하게 되었다.

한편 남조선대학측은 정식인가를 받지 못함으로 인해 모집학생들이 부산대학으로 이동하자 남조선대학은 5월 11일 학부형회의를 개최하고 학교시설의 완비, 교수진용 강화 등으로 종합대학을 설립하기 위해 민립대학 또는 관립대학과 통합하자는 의견을 임원회에 일임하였다.[22] 5월 15일 국립부산대학이 문교부로부터 설립인가를 받으면서 통합된 종합대학은 만들어지지 않았다. 그러나 남조선법문학원에 적을 둔 학생들이 부산대학교로 옮겨가자 남조선 대학 기성회측은 더 이상 대학운영이 어렵다고 판단하여 정기원·정재환·강원식 등에 의해 설립된 東亞學塾에 관계 서류를 인계하였다. 동아학숙은 1947년 12월 30일 동아대학으로 설립 인가를 받아 법학부와 문학부를 둔 정식대학으로 개교하였다.[23]

한편 부산대학이 독자적으로 설립이 추진되도록 설립기금 조성에 많은 노력을 한 사람은 당시 경상남도 재정부장이었던 윤상은, 학무과장인 윤인구, 문병조를 비롯한 음식업조합 관계자, 민립대학 설립

---

22 부산대학교, 앞의 책, 1997, 13쪽.
23 부산대학교, 앞의 책, 1997, 14쪽.

기성회의 민간측 인물인 배인환과 김찬성 등이었다. 1946년 초 경남 불교교무원이 해동중학교 설립을 위한 기금으로 신청한 고성 옥천사 寺畓 13만 5천 평을 윤인구가 국립대학 설립기금으로 전환시키는 등 관료와 경제인들의 협력으로 문교부에 납입할 설립기금 1천만 원이 모금되었고, 부산대학은 1946년 5월 15일에 개교할 수 있었다.

이와 같이 부산대학은 국립대학교이면서도 국가가 설립주체가 아니고 지역 관료와 경제인 등의 협력으로 기금을 마련하여 설립한 대표적인 경우였다. 이 학교는 미군정의 지원을 받아 기존의 부산수산전문학교를 흡수하여 종합대학으로 발돋움하려고 하였으나 부산수산전문학교 학생들의 극렬한 반대 및 설립주체와의 갈등 야기로 곧 다시 분리되어 독자적으로 운영되었다.

이처럼 미군정기 대학 설립 과정은 국·공립의 경우에 주로 미군정 당국의 경제적 지원의 결과가 아닌 그 지역의 기성회 등을 통한 자발적인 설립의 경우가 대부분이었다. 그 추진주체는 주로 지역의 관료와 기성회를 맡은 지역유지와 함께 기금을 모은 학생들이었다. 정부가 없는 상황에서 행정당국의 직접적 지원은 기대하기 어려웠으며 기존 대학을 기반으로 국·공립화를 추진하는 경우도 있었다.

신설 학교들은 재정 문제가 대학 설립에서 가장 큰 장애가 되었다. 이런 경우에는 개인 독지가들이나 아니면 기성회를 통한 모금 지역 경제계의 도움 등으로 어려움을 극복해 나갔다. 그렇지만 학교 운영에 필요한 여러 가지 재정적 어려움은 이후에도 계속되어 한국대학들의 구조적인 문제로 남아 있게 되었다.

제4장 大學의 設立基金 造成과 運營

1. 基金造成의 主體와 過程

해방 이후 대학 설립에 필요한 기금을 조성한 과정과 이를 통한 학교설립의 구체적인 모습을 살펴보고자 한다. 기금조성에 대해 자세히 나와 있는 자료가 많은 편이 아니다. 이는 이 시기가 사회적 혼란기였으며 6·25전쟁을 통해 많은 자료가 없어져 버렸기 때문이다. 따라서 주로 각 대학교 校史에 실린 자료를 근거로 고찰하여 보고자 한다.

1) 국·공립학교

국·공립학교의 경우에는 설립기금을 국가에서 부담하는 것이 원칙이지만 미군정하의 재정상황은 그렇게 될 수 없었다. 특히 재단이 사회의 구성에서도 문제가 발생하였으며 일단 국립 서울대학교의 경우에는 앞서 보았듯이 '국대안파동'으로 인해 여러 문제가 노출되었다.

서울대학교의 경우 이사회는 문교부장, 서울대학교 총장 및 대학교를 구성하는 각 단과대학에서 1대학 1명의 비율로 구성하는 것을 원칙으로 하였다. 그런데 군정장관이 이사들을 임명하였고 문교부 간부직원 6명으로 임시이사회가 구성됨에 따라 커다란 반발을 야기하였다. 그런데 서울대학교의 경우에는 같은 국립대학교인 부산대학과는 달리 일정액의 설립기금을 문교부에 납부하는 의무 등이 제시되지 않았다. 이것은 서울대학교가 미군정의 의도에 따라 설립되었다는 점과 기존의 여러 대학을 통합함으로 인해 새로운 시설 설치 등의 재정수요가 적었다는 점 등을 그 원인으로 지적할 수 있을 것이다. 결국 국립서울대학교는 설립 당시부터 여타 국립대학들에 비해 여러 가지 특권을 누린 셈이다.

실제 서울대학교는 경성제국대학과 다른 전문학교들의 기존 시설을 이어받아 여타 대학보다 좋은 여건에서 출발할 수 있었다. 다른 대학은 설립기금의 조성조차 어려운 상황이었으므로 도서관 등 교육보조시설 등에 투자할 여력이 거의 없었다. 서울대학교는 경성제국대학 도서관 시설을 이어받아 1948년 초에 이미 594,515권의 장서를 소유하였으며, 특히 奎章閣 도서(약 16만 권)[1]를 인계받아 한국학연구의 기반을 조성할 수 있었다.

반면에 지방의 국·공립대학들은 여러 차례의 개편을 거쳤으며 설립과정에 있어서도 사립대학과 유사하였다.

---

1 서울대학교, 『서울대학교 50년사』, 1996, 24쪽.

한편 부산대학의 국립대학 인가에 필요한 기금을 확보하기 위한 노력을 살펴보면 경상남도 재정부장 윤상은은 1945년 말경부터 부산을 중심으로 경상남도에 국립대학을 설립하기 위해 친구인 미군정청 학무국장 유억겸과 협의하였다. 유억겸 학무국장은 부산에 국립대학을 설립하는 기금으로 2,000만 원을 국고에 납부할 것을 경상남도 당국에 요구하였다. 이는 당시 문교예산으로는 대학 신설 예산을 감당하기 어려운 상황에 기인한 것이었다.[2] 그러나 거액의 조달방법이 막연한 경상남도 당국 역시 설립기금 감액을 요청하여 1,000만 원으로 감액되어 이 기금만 국고에 납입하면 군정청이 부산에 국립대학을 설립하겠다는 확약을 유억겸 학무국장으로부터 받아냈다. 이후부터 윤상은은 국립대학 설립업무를 장남인 학무과장 윤인구에게 위임하였다. 윤인구는 국립대학 설립안이 본격적으로 진행되자 자신이 추진하던 도립대학안도 국립대학 설립으로 수정하였다.[3]

한국에서 제2의 도시인 부산은 미약한 규모나마 사업체들이 존재하였기 때문에 이들의 경제력에 기대를 걸었다. 그러나 미군정은 저렴한 생필품의 조달과 농민에 대한 배급을 전제로 공장 생산에 필요한 원료와 연료 및 귀속기업체의 운영과 특히 미곡을 비롯한 곡물을 원료로 하는 식료품 가공업이나 주류 업체에 대한 통제가 철저하였다.

생산원가에도 미치지 못하는 생필품의 강제공출로 관리위원회가

---

2 1946년도 문교부 교육관련 예산은 1,104,576,644원이며, 이 중 대학관련 지원 예산은 10.9%에 불과한 120,827,000원이었다(문교행정개황, 1946).
3 부산대학교, 『부산대학교 50년사』, 1997, 17쪽.

운영하는 사업체는 가동이 중단되었다. 더욱이 1946년부터 미군정은 관리인을 본격 파견함에 따라 공장가동이 어려워졌으며 시장에서의 생필품도 부족하게 되었다. 이로 인해 대학설립에 필요한 자금을 제공할 수 있는 기업가가 전무한 상태가 되었다.

이러한 여건 속에서 그나마 사업체를 운영할 수 있었던 부문은 소상업과 양조업이었다. 이들은 소자본으로 일제 때부터 자신의 사업체를 유지하여 왔으며 미곡을 비롯한 식량부족으로 영업이 어려웠지만 기꺼이 대학설립을 위한 지원을 아끼지 않았다.

부산대학 설립기금 조성에 많은 노력을 한 인물은 당시 경상남도 재정부장이었던 윤상은, 학무과장인 윤인구와 문병조를 비롯한 음식업조합 관계자, 민립대학 설립기성회의 민간 측 인사인 배인환·김찬성 등이었다.

1946년 초에는 앞에서 살펴 보았듯이 경상남도 불교교무원이 6년제 해동중학교 설립기금으로 신청한 고성 옥천사 寺畓 13만 5천 평을 윤인구가 국립대학 설립기금으로 전환시키고 영도 소재의 적산건물인 일제 강점기하 立定상업학교 건물을 해동중학교 교사로 사용하도록 조치하였다.

별도의 대학설립을 준비해 오던 부산음식업조합은 대학설립기금으로 105만 원을 문병조 명의로 경상남도에 헌납하였다. 그 후 민립대학 설립기성회의 핵심인물인 배인환 회장과 김찬성 부회장 등도 경상남도 당국이 추진하고 있던 국립대학 설립계획에 찬동하여 유기(놋그릇) 처분금 80만 원과 자동차 1대를 헌납하였다. 문병조·배인환 등은 이후 부산대학 후원회를 통해 헌신적으로 협력했고 김찬성은 훗날 학교의 첫 사무국장으로 활약하였다. 그리고 경상남도 당국은 김

찬성의 후원을 얻어 조흥은행 부산지점으로부터 옥천사 토지를 500만 원으로 감정 받는데 성공하였다.[4]

이렇게 모아진 설립기금의 총액은 685만 원으로 군정청학무국장 유억겸이 제시한 1,000만 원에는 315만 원이 모자랐다. 이에 윤인구는 내무부장 서상환, 재무부장 윤상은의 후원과 도지사 김병규, 경상남도 미군정장관 해리스 준장의 허가를 얻어 총독부 시절의 어용단체 131개를 해산한 청산금 약 348만 원을 국립대학 설립기금으로 전용하는데 성공했다.

이러한 과정을 거쳐 경남 당국은 국립대학 설립기금을 확보하게 되었는데, 이 금액 가운데 33만 원은 경상남도 예산에 편입하고 나머지 1,000만 원을 미군정청 학무국의 후신인 문교부에 납입했다. 그러나 국고에 납입한 1,000만 원의 대학설립기금은 잠정적으로 대학 유지비에 충당할 금액에 불과하였고 교사 신축비 등은 포함되어 있지 않았다. 경상남도 당국은 국립대학 교사 건립비를 따로 조달해야 하는 과제에 봉착하였다.

경상남도 당국은 대부분 일본인 학교 건물이 미군들의 병사로 사용되고 있다는 사실에 착안하여 미군과 교섭하면서 미군 병사 중 적당한 것을 국립대학 교사로 확보하려 하였으나 실패하였다.

그러나 대학도서관을 채울 막대한 양의 장서를 확보할 기회가 주어졌다. 경상남도 재무청 미국인 고문관 클램머 소령의 주선에 따라 재무청 창고에 보관되어 있던 5만 권을 인수하는데 성공하였기 때문이다.[5] 이 도서는 대륙 각지와 한반도에서 철수하던 일본인들의 화물을

---

4 부산대학교, 위의 책, 1997, 18쪽.

미군정청이 부산 부두에서 압수하여 관재청이 보관해 오던 것으로 상
자당 100권의 책이 들어있다고 추산하여 모두 500상자 속의 총부수를
약 5만 권으로 권당 1원씩 총액 5만 원으로 산정하였다. 이 도서대금
은 설립기금 1,000만 원 이외에 33만 원에서 지출하였다.

이후 경상남도 당국은 윤인구 학무과장으로 하여금 대학설립을 위
한 행정절차를 밟도록 하였다. 학무과장은 에디 중위와 협의하여 국
립대학을 종합대학화하는 문제를 검토하였다. 그 결과 부산수산전문
학교를 대학으로 승격시켜 수산학부로 하고 현 경남중학교 자리에 개
교 예정이던 인문계 대학을 또 하나의 학부로 병설하고자 하였다.
1946년 4월 12일 이 국립대학안은 미군정청 문교부에 건의[6]되어 곧
승인을 얻었다. 미군정청 문교부의 미국인 고문관들은 부산수산전문
학교의 일부 건물을 인문계 대학의 교사로 충당하게 하였다. 그에 따
라 1946년 5월 15일에 국립 부산종합대학의 설립이 확정되었다. 이와
같이 부산대학은 기존의 부산수산전문학교를 통합하는 한편 경제계
의 도움으로 학교설립기금을 마련할 수 있었다. 이것은 官民합동에
의한 기금조성 과정의 사례였다.

부산수산대학의 경우는 전문학교가 국립대학으로 개편된 대표적
경우이면서 설립기금 조성 과정이 여타 대학과 다른 특징을 지녔다.
부산수산대학은 일제 하 1944년에 항구도시인 부산의 특성을 살려 수
산전문학교로 설립되었다. 부산수산전문학교는 해양실습에 필요한
선박을 소유하고 있었고 수산업과 관련된 학교라는 점에서 시설이 다

5 부산대학교, 앞의 책, 1997, 19쪽.
6 부산대학교, 앞의 책, 1997, 20쪽.

른 학교와 달랐던 것이다. 그런데 해방이 되자 이 학교는 敵産이 되었고 실습선인 耕洋丸은 일본인 학생 및 교직원과 그 가족을 일본으로 실어 나르는 일을 하였다.

미군정청은 이 학교를 국립으로 하여 농학박사인 金良瑕를 교장으로 선임하였다. 1945년 10월 16일 한민당의 김성수 등의 반대가 있었으나 김양하는 교장 서리로 발령받았다.[7] 그는 10여 명의 교수와 조교수를 임명하였는데 조교수 8명은 수산전문학교 출신이었다. 학교 출범 사정에 대해서 김양하는 다음과 같이 회고하였다.

> 교장이라는 중책을 지고 있습니다만은 부임하여 접수를 시작하고 보니 중요한 서적과 기구는 도적맞았고, 설비도 건설 도중에서 중단되어 있을 뿐 아니라 직원들의 사택도 되어 있지 않아서 금후 지방 여러분의 원조를 많이 힘입어야 될 사정에 있습니다.[8]

이처럼 학교시설의 상당 부분이 파괴된 상태에서 재정적 압박에 시달렸을 것이다. 이는 상당수의 사립학교 역시 마찬가지 상태였다고 볼 수 있다. 김양하 교장은 일본인들로부터 부산수산전문학교를 접수하기 시작하였는데 자신을 위원장으로 하여 전병석 · 전찬일 · 양재목 · 이경엽 등이 접수위원을 맡았다. 당시 접수물품과 장부가 일치하지 않아서 실랑이가 벌어지기도 했다.[9] 이는 일본인 교장 등이 개인

---

7 부산수산대학교, 『부산수산대학교 50년사』, 1991, 91쪽. 김성수가 그를 반대한 이유는 김양하가 사생활에서 문제가 있다는 것이었다. 그러나 『校史』에 나타난 그의 행적으로 볼 때, 반대이유는 그의 좌익적 성향 때문이라고 추정된다.
8 부산수산대학교, 위의 책, 1991, 92~93쪽.

이 기부한 물품을 일본으로 반출하려 했기 때문이었고 이로 인해 반출이 강제로 제지되기도 하였다.

그러나 중요한 문제는 학교가 미군에게 징발되어 있는 상태에서 이를 仁川으로 이전하려는 계획이 수립된 데에서 발생하였다. 부산시민들의 반발이 심해져 시민대회까지 열리고 부산수산전문학교 부산존치 실행위원이 선출되었으며 중앙요로에 이 문제를 진정하기에 이르렀다. 이런 노력의 결과로 12월 13일 부산수전의 부산 존치가 결정되었다.

이후 대학으로 승격된 부산수산대학은 부산대학교로 통합되었다. 이는 미군정청 결정사항으로 부산수산전문학교 부지 내에 도립 내지 국립종합대학을 건설하여 부산수산전문학교를 수산학부로 편입시키려 한데서 나온 결정이었다.[10]

이에 부산수산대학은 인문계 대학이 병설되면 수산학 고유의 특성이 둔화되어 수산교육기관으로서의 개성이 사라질 우려가 있다는 이유로 편입에 반대하였다. 또 1946년 5월 15일에 종합대학 신설이 결정되자 부산수산대는 반대운동을 벌이기 시작하였다. 그러나 국립 부산대학에는 단과대학으로 수산과대학과 인문과대학이 설치되어 1946년 양 단과대학에서 각기 150명, 합계 300명의 신입생을 모집하였다.

국립 부산대학 총장에는 미국인 베커(Becker)가 임명되고, 1947년 4월 1일에 鄭文基가 수산대학장에 임명되었다. 수산대학의 학과는 수

---

9 부산수산대학교, 앞의 책, 1991, 93쪽.
10 부산수산대학교, 앞의 책, 1991, 107쪽.

산생물·수산물리·수산화학과 등으로 개편되었다.[11]

정문기 학장은 재정확립을 위해 수산업자를 상대로 한 기금적립에 힘썼다.[12] 이는 그가 미군정청 수산국장으로서 학장을 겸임하였기에 가능했던 일이다. 그는 수산대학이 수산업계와 밀접한 관련이 있는 관계로 인해 어업조합이나 수산단체에 기금 희사를 요청할 수 있었다. 이러한 방식을 통해 학생들의 순회 회비모금이나 개인설립자들의 헌납보다 많이 모을 수 있었고 6개월만에 5천만 원을 능가하였다.

그의 회고에 따르면 적립금이 멋대로 유용된 사실이 전국어업수산 단체에 알려지자 이들은 모금한 돈을 수산국에 적립하지 않고 각 도

---

11 부산수산대학교, 앞의 책, 1991, 116~117쪽.

12 어떻게 하면 국립수산대학을 재건시킬 수 있을까. 생각 끝에 나는 전국 어업조 합 수산단체 회의를 소집했다. 이 자리에서 나는 앞으로 우리나라 수산업이 발 전하려면 하나 밖에 없는 국립수산대학이 살아야 한다고 역설했다. 그런 다음 전국 어시장에서 판매되는 물고기 값의 1%만 떼어 3년간 적립해 주면 국립수산 대학은 제대로 발전할 수 있다고 설명했다. 그리고 이 같은 생각은 내 개인의 생 각이 아니라 우리나라 종래의 수산발전은 물론, 여러 수산인들의 권익과도 연 관된 일인만큼 심사숙고해서 만장일치로 결의해 주었으면 고맙겠다고 했다. 당 시 나의 계산으로 1%씩 3년간 돈을 적립하면 대략 3억원 정도 모일 것으로 기대 했다. 이만한 액수면 수산대학 재건은 가능했기 때문이다. 전국 어업조합 수산 단체 간부들은 나의 이 같은 제의에 생각보다 좋은 반응을 보여 반대한 사람 없 이 의결해 주었다. 그 후 수산인들의 말을 들으니 내가 寒天공장 문제를 사심 없 이 처리해 준 데 대해 모든 것을 믿고 따라 주었다 한다. 아무튼 무척 고맙고 흐 뭇한 일이었다. 이렇게 해서 첫 해 6개월 동안 5천만 원에 이르는 돈이 적립되었 다. 나는 이 돈으로 우선 학생들이 이용할 기숙사를 짓도록 했다. 그리고 나의 직권으로 국립수산대학에 성능이 제일 좋은 저인망 어선 2척을 실습선으로 불 하하고 鎭海灣 어장을 실습장으로, 한천 공장 하나와 통조림 공장 하나를 실습 공장으로 불하했다. 이렇게 되자 일부에서는 수산국장은 국립수산대학을 위한 국장이란 비난마저 돌았다(부산수산대학교, 위의 책, 1991, 126쪽).

의 수산고등학교에 주었다고 한다. 이처럼 미군정기의 혼란으로 인해 결국 모금운동은 수포로 돌아가게 되었고 1946년 12월 15일에 수산과대학은 부산대학에서 분리되어 단과대학으로 독립하였다.

전북대학은 이리농과대학·전주명륜대학·군산대학관 등을 합쳐 만든 학교이다. 이리농과대학은 해방 이후 이리농림학교에서 개편된 농림중학교 교장 李養培를 중심으로 한 농과대학 설립운동으로 본격화되었다. 1946년 7월 25일 3천만 원으로 농림대학을 설치하기로 하고 기성회를 조직하였는데 회장은 李培元, 부회장은 趙容奎·金炳洙 등이었다.[13]

기성회의 주된 과제는 대학 설립기금의 확보였지만 기금마련을 위한 모금운동이 성과를 거두지 못함에 따라 1947년 2월까지 침체 상황에 처하였다. 사실 이 시기의 대부분의 대학설립기금 운동은 부진을 면치 못했다. 인플레이션 등에 의한 경제적 여건이 어려운 가운데 기금을 낼 수 있는 여력이 있는 사람들이 많지 않았기 때문이다.

이런 가운데 기성회 부회장 전용진이 옥구군 나포면에 있던 자신의 토지 4만 평을 희사하면서 활기를 띠게 되었다. 1947년 이리농림중학교에서는 입학생들에게 대학설립 촉진회비라는 명목으로 3,000원씩 징수하여 설립 기금에 보탰고 졸업반 학생에게는 찬조권을 발행하여 방학 중 도내 각 지역을 순회하며 모금운동을 펴도록 하였다. 그 결과 1947년 10월 15일에 이리농과대학의 설립이 인가되었고 농림중학교는 부설중학교로 개편되어 1948년 4월 5일 개교식 겸 입학식이 거행

---

13 『동아일보』, 1946년 8월 13일자.

되었다.[14) 설립기성회는 개교와 동시에 해산하고 학부형들을 망라한 후원회가 발족되어 기성회 부회장이던 전용진이 회장에 선출되었다.

이러한 학생들을 동원한 순회 활동 방식의 회비모금은 당시 대학설립기금을 마련하는 보편적 방식 중에 하나였다. 이 방식은 점차 국·공립 및 사립을 막론하고 대다수의 대학들이 선택하였다.

전주 명륜대학은 후일 전북대학교 2개 단과대학(문리과대학, 법과대학)의 모체가 되었다. 중요한 사실은 전북대학교 후원재단 기금의 대부분이 이 대학의 운영재단인 全北 鄕校財團의 재산이었다는 점이다. 명륜대학은 원래 2년제 학원인 명륜학원으로 1948년 8월 1일 도지사의 인가를 받아 설립되었다.[15)

군산대학관은 처음에는 群山同志塾으로 출발하였다. 이 학교는 1947년 9월 1일에 군산시 금서동 101번지에 전문부 3년 과정의 사설학원으로 설립되었으며 金宣得·丁斗鉉·徐鴻善 등이 출자하였다. 이 재단은 1948년 8월에 동지숙을 해산하고 2년제 초급대학인 군산대학관을 설립하였다.[16)

이와 같이 전북대학의 모체가 되는 학교들이 이 시기에 설립되었다. 학교설립기금은 개인 독지가의 투자와 전북향교재단의 재산 및 모금운동으로 마련되었다. 전북대학은 공립으로 설립되어 나중에 국립으로 전환한 학교로서 사립학교적인 요소가 많이 섞여 있었던 점이 특징이다.

---

14 전북대학교,『전북대학교 50년사』(상), 1997, 4쪽.
15 전북대학교, 위의 책, 1997, 6쪽.
16 전북대학교, 앞의 책, 1997, 8쪽

다음으로 국립 강원대학의 전신인 춘천농과대학은 함태영의 장손인 咸仁燮에 의해 설립이 추진되었다. 그는 일제하에 동경농업대학을 졸업하고 연희전문학교에서 봉직한 경험이 있었으며 한때 광산을 경영하기도 하였다. 해방 이후 그는 미군정청에서 문교부 농업담당관으로 재직하다가 대학설립을 준비하고 있던 춘천지역의 강원농업중학교 교장으로 부임하였다.

그는 전직 도지사이던 朴乾源을 기성회장으로 道의 학무국장인 李在鶴을 부회장으로 하여 춘천농업대학 설립추진기성회를 설립하였다. 이후 1947년 6월 14일 도립 춘천농업대학의 설립이 인가되었다.[17] 이렇게 만들어진 춘천농과대학은 도지사를 기성회장으로 하여 공립학교를 만들려고 했던 것으로 추정된다. 이 경우는 앞서의 전북대학처럼 설립기금을 조성하는 과정이 없었다는 점이 주목을 끈다.

반면에 공립인 진주농과대학의 설립기금 조성은 다른 유형을 보여주고 있는데 이 학교는 후에 경상대학교가 되었다. 해방 이후 진주농림학교 기성회 안에는 2개의 위원회가 조직되었는데 하나는 진주농과대학 설립추진위원회이고 다른 하나는 진주농과대학 설립기성회이다. 전자는 1946년 4월 발족했는데 임원은 위원장 김재규 등 모두 진주공립농업학교 졸업생들이었다. 이들은 도립 진주농과대학 설립을 결정하고 당시 농림학교 교장 황운성씨와 협력해 설립을 추진하였다. 또한 설립기성회를 진주농림학교 기성회라고 할 정도로 상호 관계가 깊었다.[18]

---

17 강원대학교, 『강원대학교 50년사』, 1997, 25~26쪽.
18 경상대학교, 『경상대학교 50년사』, 1998, 31~32쪽.

모금운동의 방식은 기부금 모금과 기성회 회원권에 의한 모금이었으나 모금실적은 없었다. 후자인 기성회 회원권에 의한 모금 방식은 진주농림학교 학생에게 1인당 10매씩(1매당 100원)을 나누어 주고 겨울방학 동안 판매하도록 한 방식이었다. 이것이 기금의 대부분을 차지하였고[19] 이 기금은 진주농림학교 제2교사 신축과 칠암 캠퍼스 부지매입에 사용되었다. 1948년 8월 14일 2년제 '도립 초급진주농과대학'이 설립인가를 받았다. 이처럼 학생들을 동원한 회원권 판매는 다른 사립학교(대표적인 경우가 조선대학) 등에서도 이용한 방식이었다. 결과적으로 서울대학교를 제외한 국·공립대학들은 미군정의 직접적인 설립기금 지원이 없었다. 이들 학교는 다른 사립학교처럼 학교설립 기성회를 조직하여 기금을 확보하면서 이 과정에서 관의 도움을 받아 국·공립이 되었던 것이다. 기금조성 방식은 지역의 산업체나 협동조합을 통한 기부는 물론이고 사립학교처럼 학생들의 회원권 판매방식에도 의존하는 등의 다양한 방법이 동원되었다.

2) 사립대학

사립대학의 경우에는 설립기금 등의 확보과정이 밝혀져 있지 않은 곳도 있다. 여기에서는 대표적인 몇 곳의 사례를 중심으로 이를 살펴보고자 한다. 먼저 중앙대학교의 전신인 중앙여자대학부터 보고자 한다. 이 학교의 기금내역은 비교적 자세한 편이다.

---

19 경상대학교, 위의 책, 1998, 33쪽.

해방이 되자 중앙보육학교는 4년제 정규대학으로 승격하기 위해 우선적으로 재단법인의 설립을 서둘렀다.[20] 국대안 반대투쟁 속에서 기금 확보가 어려운 가운데 1947년 임영신 교장은 중앙여자전문학교 설립인가를 받았다.

확보된 재산은 중앙여자전문학교 재산 34,332,500원(부동산의 경우), 임영신 설립자가 출자한 63,356,700원, 1937년에 중앙보육학교를 후원키 위하여 애니 머어너 파이퍼어재단(Annie meunier Pfeffer Foundation)에서 보장한 미화 300,000달러를 비롯하여, 韓美親善財團(Korean American Friendship Fund)으로부터의 1,000,000달러 등 약 1억여 원에 달했다.[21]

그런데 한미친선재단의 지원이 여타 학교와는 다른 특이한 점이었다. 1946년 9월에 임영신 학장은 민주입법의원 전권 대사 자격으로 미국에 갈 수 있었다. 목적은 신탁통치를 반대하는 한국 국민들의 뜻을 유엔에 호소하기 위해서였다. 그런 가운데 임영신은 모교인 남가주대학교 총장 폰 클라인스미두·루즈벨트 부인·제시 암스트롱 여사 등의 협조를 받아 미국의 저명한 직조회사 사장 엘리스지 허긴스·아노드 씨 마아츠 박사 및 그 밖의 부호 명사들로부터 100만 달러를 협조 받았다. 이것이 모체가 되어 1947년 3월에 한미친선재단으로 설립하게 되었고 이 사무소는 미국 뉴욕에 있었으며 한국 국민과 미국 국민 사이의 상호 친선을 도모하고 인류문화 발전에 기여한다는 것이 설립 목적이었다. 1947년 3월 이 재단의 에마뉴엘 뎀비 사무국

---

20 『동아일보』, 1946년 6월 15일자.
21 중앙대학교, 『중앙대학교 60년사』, 1978, 127쪽.

장은 중앙여자대학 유지 재원으로 100만 달러를 보장하는 동시에 이 재단의 수익금에서 매년 200만 원을 조달하겠다는 자금조달증서를 보내왔다.

1948년 8월 이사회는 법정학과의 증설에 따른 시설확충을 결정하여 희락관 공사에 착수하였다. 임영신은 다음해 3월 사재 198,500,000 환을 기부하였다.[22] 이처럼 중앙여자대학은 정계에 있던 임영신의 활약으로 한미친선재단의 자금을 이용할 수 있었으며 또한 자신의 사재를 기금으로 활용하였다. 학교운영주체에 의한 사적인 기금확보의 대표적 경우라고 할 수 있다.

고려대학교의 경우에는 이미 일제 강점기부터 김성수에 의해 재단이 운영되어 왔다. 1946년 5월 31일 김성수는 재단법인 보성전문학교를 해산하고 재산을 중앙학원에 흡수시켰다. 그해 8월 15일 중앙학원 주무이사 김성수 명의로 미군정청 문교부의 인가를 얻어서 고려대학교를 설립하게 되었다.

이로부터 고려대학교는 중앙중학교와 함께 재단법인 중앙학원에서 경영하게 되었다. 김성수는 다시 농림대학 설립 계획을 세우고 실습예정지로 종암동에 있는 농지 2만 평을 구입하였다. 아울러 약 5만 평의 애기능 구내와 학교 뒷산에서 안암동·종암동·미아리 고개에 이르는 약 50만 평의 귀속재산 및 국유임야를 불하받아 학교용지로 삼았다. 그리고 金季洙가 2,000석, 李活이 1,200석 지기의 토지를 희사하고 蘇秉崑이 또한 700석 지기의 토지를 희사하였다. 뒤에 金相万은 500석 지기의 토지를 기부하여 재단의 재산을 증식시켰다.[23] 고려

---

22 중앙대학교, 위의 책, 1978, 139~140쪽.

대학교는 이와 같이 김성수 집안을 중심으로 하여 개인재산을 희사하는 형태로 학교기금을 마련하였다. 그리고 희사된 대부분의 재산이 토지였던 점도 하나의 특징이다.

대한민국 정부 수립 후 농지개혁으로 인해 학교 소유의 토지가 농민에게 분배되고 그 대가로 지가증권을 받았다. 학교재단은 그 중 일부를 전주방직주식회사에 투자하고 나머지 일부를 문교재단에 투자하여 문교서적주식회사(국정교과서주식회사)를 경영하기도 하였으나 모두 좋은 성과를 거두지는 못하였다.

학교법인 중앙학원의 임원은 주무이사(이사장)와 이사·감사로 구성되었으며 법인의 실무를 처리하기 위하여 6·25전쟁 전까지는 상무이사 1명, 그 이후에는 사무국장 1명을 두는 운영을 하였다. 설립부터 정부수립 직전까지 이사진은 주무이사 김성수, 상무이사 金泳柱, 이사 金季洙·玄相允·崔斗善·李康賢·卞榮泰이고, 감사는 金在洙·趙東植 등이었다.[24] 이러한 고려대학교의 이사회 구성은 학교기금이나 재정운영이 이사회와 밀접하게 관련되었음을 알 수 있게 한다.

연희대학교의 경우는 고려대학교와 또 다른 유형을 보여준다. 연희대학교는 일제 말기에 학교를 적산으로 강탈당했기 때문에 해방 이후 이를 되찾는 작업부터 시작했다. 미군정이 시작되자 백낙준·하경덕·유억겸·이춘호 등 연희전문 교수들이 미군정청과 교섭해서 학교 접수 방안을 모색하기 시작했다.

---

23 고려대학교, 『고려대학교 구십년지』, 1995, 293쪽.
24 고려대학교, 위의 책, 1995, 294쪽.

그러나 미군측은 학교를 육군병원으로 사용할 것을 희망했으며 문교부에서는 이를 법관양성소로 이용할 계획을 세우고 있었다.[25] 그러자 1945년 9월 19일 동문측의 이묘묵·최규남·조의설·김윤경 등이 미군정청 재무국장을 만나 육군병원 또는 법관양성소로의 사용계획에 반대하고 학교의 정상적인 운영을 확보하기 위하여 교섭하였다.

미군정은 원한경(H. H. Underwood) 내한 후 반환하겠다든가 총독부에서 관리한 기관이므로 적산으로 처리하여 미군이 일단 접수했다가 차후 이사회가 재구성되면 관리권을 이양하겠다고 고집하였다.

연희의 구재단 임원 및 동문들의 노력에 의하여 미군정청에서는 정당한 연희 관계인에게 학교를 이관한다는 계획을 세우게 되었다. 9월 23일 이전 교직원 중의 간부와 현 교직원·동문·다액기부자 등으로 연희전문학교 접수위원회가 정식 조직되었다. 구성을 보면 다음과 같다.

> 동문회 대표 : 이묘묵·김윤경
> 경성공업경영전문학교 대표 : 조의설
> 재단기부자 : 김성권
> 연희전문학교 대표 : 백낙준·유억겸·이춘호

9월 24일 미군정청 학무국장 리카드 대위와 접수위원들이 접수문제를 토의하기 시작하였다. 토의의 요점은 연합선교부의 대표(미 선교사)를 포함한 이사회가 법적으로 대표권이 있는가 또는 태평양 전쟁 후 일제의 관할 하에 있던 기구(1942년 8월 이사회가 해체된 후 총

---

25 연세대학교, 『연세대학교 100년사』, 1985, 333쪽.

독부 관리 하의 준 공립적인 운영을 받았다)에 법적인 대표권이 있는가 하는 것이었다.

그러나 연희는 선교기관이고 일제에 피탈된 곳이므로 다른 기관과는 성격이 다르다는 점에 의견의 일치를 보았다. 그리고 학교가 해방 직전 총독부 관리하에 있었으므로 총독부와 동격인 군정청에서 임명하는 위원회로 접수함이 정당하다는 데에도 의견의 일치를 보았다. 그 결과 위의 7인 위원이 이사로 임명되었고 경성공업경영전문학교장 近藤英南으로부터 학교를 접수하였다.

9월 25일 "미군정청 당국의 명령으로 학교를 접수한다"는 취지와 일본인 교직원의 총사직을 명하는 유억겸의 선언이 있은 후 접수사무에 착수하였다. 접수사무는 접수위원 7인이 분담하였고 최규남·이계원·장기원·김치각의 보조와 계리사 윤정하의 주관하에 10여 일간 계속되었다. 접수결과의 개요는 다음과 같았다.

1) 현금은 1946년 3월 말까지 계정된금액 중에서 약 146,000여 원을 인수한다.

2) 동문회비 적립금 30,000원과 기부금(조병갑 기부) 30,000원의 도합 60,000원과 우애회(교직원 조직) 장학금 등의 기본재산이 전 일본인 교장 辛島 驍에 의해서 유용되었음이 판명되었다.

3) 교수 사택 중에 일부는 일본 군인들이 사용하다가 소실되었다.

4) 울창했던 구내 송림은 패전 전 남벌하여 해방 후의 시가로 150,000원 상당이 매각, 따라서 송림이 황폐하였다.

5) 교사와 비품·시설·도서 등이 다수 망실되었는가 하면 1928년 4월 28일에 동문과 유지의 성금(4,978원)으로 건립된 원두우 동상이 일제에 징발되었고, 그 자리에 흥아기념탑이란 각추석이 남아 있었다.

6) 원한경 사택은 가산이 전부 망실되었다.[26]

국민대학의 경우는 설립과 기금 조성 과정에서 많은 갈등이 표출된 대표적인 예이다. 국민대학은 신익희를 중심으로 기성회 설립을 시도 하였다. 기성회는 1946년 2월부터 사직동 김흥배의 집에서 본격화되어 3월 3일 정식으로 발족하였다. 이 기성회는 고문으로 이승만·김구, 명예회장으로 김규식·조소앙, 회장에는 신익희가 선임되었다. 그 외에 정계의 주요 인사들이 상당수 망라되었다.[27] 실무는 상무이 사 박철규·조윤제·최영재·김인선·유각경·김선태·윤길중·유 호준·김정실 등이 담당하였다.

국민대학은 학교를 뒷받침할 충실한 재단이 없었기 때문에 재정적 인 문제에 직면하였다. 미군정청의 입장에서는 재단을 제대로 유치하여야 정식대학으로 인가하겠다는 조건을 내걸었다. 국민대학관은 직업을 가진 가난한 학생들을 위한 야간대학으로 출발하였으며 학부와 전문부로 구성되었다. 학부와 전문부에는 모두 법률학과와 정경학과의 2과가 있었고 학부의 정원은 각과 50명, 전문부의 정원은 각과 100 명이었다.[28]

국민대학관은 재단 유치 노력도 계속하여 사무국장 조상만의 주선 으로 조선불교중앙총무원 총무부장인 崔凡述이 재단을 구성하고 해인사의 사찰재산을 기부하기로 하였다. 최범술을 이사장으로 한 재단 이 구성되었다.[29] 이때 구성된 재단은 신익희와 윤길중을 제외하고는

26 연세대학교, 위의 책, 336쪽.
27 국민대학교, 『국민대학교 30년사』, 1976, 69쪽.
　『동아일보』, 1946년 5월 18일자.
28 국민대학교, 위의 책, 1976, 82쪽.
29 국민대학교, 앞의 책, 1976, 83쪽.

모두 불교계인사들로 구성되었다. 그들은 崔凡述(朝鮮佛敎中央總務
院總務部長) 외에 金法麟(同總務院院長)・林幻鏡(海印寺住持)・朴
英熙(朝鮮佛敎中央監察院長)・韓普淳(忠淸北道敎務院長)・黃泰鎬
(忠淸南道敎務院長)・張道煥(佛敎誌社 社長)・한영태(佛敎誌社主
筆) 등이었다. 따라서 학교의 성격이 달라질 수도 있는 상황에 직면하
게 된 것이다.

이에 따라 문교부는 1948년 8월 10일자로 재단법인 국민대학관을
해체하고 재단법인 국민대학을 허가해 주었다. 아울러 정식대학으로
발족함에 따라 전문부를 폐지하고 야간수업을 중지시켰다. 학과는
법률학과・정치학과・경제학과 등 3개 학과로 각 50명의 정원을 두
었다.

그러나 최범술의 취임과 함께 기부하기로 한 해인사 재산은 마음대
로 처리할 수 없는 성질임이 판명되었다. 아울러 1947년 10월 3일 管
財處의 수속을 거쳐 서울시 중구 남산동에 있는 東本願寺를 교사로
쓰도록 하였으나 이 사찰은 敵産이었기 때문에 동년 미군정청으로부
터 사용허가 취소 통지를 받았다. 원래 이 절은 서울시립교향악단이
사용하기로 하였는데 국민대학이 이를 불법 점거했다는 것이다.[30] 학
생들은 실력행사로 저지하려 했지만 실패하였다.[31] 이에 따라 학교는
화광교회로 옮겼다. 이후 남덕우・이종상・이신명 등은 미국인 서울
시장 윌슨을 방문해 동본원사 대신 용곡여자중학교였던 시내 신당동
의 홍인국민학교를 요청하였다. 결국 이 요구도 실패로 끝나고 종로

---

30 『동아일보』, 1948년 1월 1일자.
31 『동아일보』, 1948년 1월 3일자.

구 창성동 소재 일제시 체신요원양성소의 건물의 사용허가를 받아 1948년 2월 10일 이곳으로 옮겼다.

그러나 이 과정에서 최범술과 학교당국의 갈등이 표출되었다. 학교 측은 최범술을 제외하고 '학생건축위원회'를 결성하여 등록금 중 일부로 1949년 9월에 2층의 구교사를 완공하였다. 학교는 재단과 관계없이 교직원 학생들에 의하여 자치적으로 운영되었다.[32]

1948년 6월 최범술은 이사회에서 대책을 논의하고 재정난을 타개하기 위해 정윤환을 초치하였다. 그는 사재 논 287,495평, 밭 41,002평, 잡종지 1,447평, 임야 2,036,106평 등 합계 2,466,539평을 내놓았다. 그리고 자신은 이사장을 사퇴하였다. 당시 이사장 서리에는 황태호, 학장에는 정윤환을 임명하여 신익희 학장을 물러나게 하였다. 학생들은 신익희 유임운동을 추진하면서 반발하였다. 재단측은 학생납입금 수백만 원과 회계서류·신입생명부 등을 가지고 마포에 임시로 사무실을 마련하였다. 6월 27일 최범술은 황태호 이사장 서리를 정기영으로 바꾸었으며 아울러 이사회에서는 재단법인 국민대학을 재단법인 해인사로 바꾸는 문제를 논의하였다.[33] 국민대학은 분규 속에서 1950년 정병조의 부동산 출자로 새로운 재단으로 출범하였다. 이처럼 국민대학은 설립 추진 당시부터 여러 가지 문제에 직면했으며 기금조성에서 많은 어려움을 겪었다. 이로 인해 학교가 두 개로 나뉘어져 운영되기도 하였다. 이러한 분규는 미군정기라는 특수한 상황에서 야기된 것이기도 하다. 국민대학의 경우에도 기금조성의 상당부분이

---

32 국민대학교, 앞의 책, 1976, 91쪽.
33 국민대학교, 앞의 책, 1976, 92~93쪽.

부동산 즉 토지였다는 점에서 고려대학교와 유사하다고 할 것이다.

국민대학이 기금출자에 어려움을 겪었던 경우라면 청주상과대학(후일 청주대학교)은 순전한 개인출자에 의한 학교 설립의 전형을 보여주는 사례이다. 청주상과대학 설립은 金元根·金永根 형제가 1946년 봄에 대학설립기성회를 발족시키면서 시작되었다.[34] 이들은 2,200석 지기의 토지와 현금 500만 원을 기증하여 淸州商科大學 설립 인가 신청서를 미군정청에 제출하였다. 이에 따라 1946년 11월 18일에 인가를 받았다.[35] 다른 사립학교와 다른 점은 기존의 청주상업학교와 청주여자상업학교의 승격이나 개편을 도모하지 않고 신설의 방법을 택했다는 사실이다. 당시 일반적으로는 기존 학교의 승격 등을 통해 4년제 대학 설립을 꾀하는 경우가 많았지만 이 학교는 새로운 투자를 통해 만들었다는 점에서 평가받을 만하다.

당시 청주상과대학의 설립 축하에 대한 신문기사는 다음과 같다.

> 청주 교육계 은인 김원근·김영근 양씨는 형제간의 우애도 갸륵한 터인데, 이번에 형제분의 소유재산 전부를 내놓고 청주상과대학을 설립키로 하야, 문교당국의 정식 인가까지 받았다 함은 이미 보도되었다. 이를 계기로 형제분의 교육사업을 치하하며 그 전도를 축복하고저 재경유지의 발기로 22일 오후 5시 금해관에서 축하회를 열 터인데, 참가희망자는 종로 2가 京―商會나 관철동 170 金炳來씨에게 연락하기를 바란다 하더라.[36]

---

34 『서울신문』, 1946년 4월 15일자.
35 청석학원, 『靑錫칠십년사』, 1994, 389쪽.
36 『경향신문』, 1946년 12월 22일자.

청주상과대학의 개교준비는 재단법인 大成學園 직원과 청주상업학교 일부 교직원이 담당하였다. 교사는 청주시 수동에 있는 구 청주여고건물을 임시로 사용하였다. 초대학장은 청주상업학교 교장인 崔鍾聲이었고, 상학과 100명이 정원이었다.[37] 이처럼 지방에 생긴 상과대학은 여타의 농업대학과 다른 유형이면서 순전히 개인 출자로 설립되었다는 점도 이색적이다.

사립대학 중에서 기금조달을 위한 과정이 잘 드러나는 두 학교가 있다. 그 중 영남지역에서는 후에 영남대학교가 되는 대구대학(대구문리대)이 대표적인 경우이다. 이 학교도 지역사회의 종합대학기성회 설립으로 시작되었다. 1945년 10월 20일 경북종합대학기성회가 대구의 유지 30여 명을 모아 경북교육협회회장인 이규원을 위원장으로 한 총 9명의 위원으로 준비위원회를 설립하였다. 이후 준비위원회는 준비위원의 수를 52명으로 늘렸다. 그리고 제1차 계획으로 법문학부·농학부·의학부 등 3개 단과대학의 설립과 기금 3천만 원의 조달, 그리고 향교재단의 흡수와 경북도민의 협력요청 등을 결의하였다.

1945년 11월 25일 제3회 확대준비위원회가 도내 유지 99명이 참석한 가운데 도청 회의실에서 개최되었다. 이 회의에서는 1946년 초 개교를 목표로 준비위원회를 발전적으로 해체하고, 경북종합대학기성회를 새로 구성할 것을 의결하였다.[38]

11월 29일에는 경북종합대학 기성회 제1회 집행위원회를 열고 부

---

37 청석학원, 위의 책, 299~300쪽.
38 영남대학교, 『영남대학교오십년사』, 1996, 75쪽.

서와 임원을 결정하였다. 부서는 총무부·선전부·조직부·연락부·기금부였다. 다시 부서를 총무부·유림부(법학부, 문학부 자금담당)·刀圭部(의과부 자금담당)·공업부(이공학부 자금담당)·상업부(상경학부 자금담당)·농업부(농학부 자금담당) 등으로 변경하였다.

활동분야별 부서가 결정된 뒤 모금운동에 들어갔다. 처음에는 모금이 그다지 순조롭지 못하였으나 해를 넘기면서 위원들의 활동이 활발해졌으며 도내 유지들의 협조를 얻게 되었다. 당시 모금에 앞장선 조용기의 회고담[39]에 따르면 이 기성회의 활동은 가장 효율적인 기금모금활동을 한 셈이다. 다른 지역 대학의 기성회가 모금이 지지부진한 가운데 일부 회사나 기존 시설의 이용에 의존하였던 반면에 경북기성회가 가장 조직적이고 활발하게 움직였다고 할 수 있다.

---

39 (전략) 운동 추진에 있어서 … 도의 협력을 얻어 각 군수들의 협조를 얻기로 하고 각 군내 유지들의 동조를 얻어 총 2천만 원의 돈을 각 군에서 모으려 하고 대구 시내에서는 40~50명의 모금위원이 매일같이 유력자를 찾아 모금에 진력하여 보았다. 그러나 … 시군으로는 김천군에서 35만 원밖에 모금되어 오지 않았고, 대구 시내에서는 전연 모금이 되지 아니하였다. 기성회 내부에서는 해산하자는 일부론자도 있을 만치 되었다. 처음 기성회를 발기하고 내가 책임을 맡을 때에 희사하겠다던, 공출되어 있던 가마니도 마음대로 될 수 없는 것을 발견하였다. 해산이냐 중단이냐 하는 난국에 처하여 나는 반드시 길이 있으리라는 신념 하에 몇날을 생각한 나머지 단연 방도를 바꾸기로 정하였다. 그 당시 대구지방의 기관장이던 도지사·고등법원장·고등검찰청장·지방법원장·지방검찰청장·경찰청장 등 6명을 거듭 설득시켜서, 기성회장과 7인의 연명으로 시내 부호를 한 사람씩 초청하여 상의하고 권고하였다. 몇 주일을 그렇게 하던 중에 거액의 토지희사를 받게 되었다. 그 후는 순조롭게 진행되어 내가 기억하기에는 토지 125만 평, 정금 7~8백만 원의 희사를 받아서 (하략) (영남대학교, 위의 책, 1996, 76~77쪽).

1946년 8월 31일 기성회 내에 개교준비위원회가 구성되었고 위원장에는 李孝祥 경상북도 학무국장이 선출되었다. 설립기금의 모금이 진척되자 9월에는 종합대학재단 조성위원회를 결성하였다.

　　경북종합대학 설립준비가 진행됨에 따라 11월 27일 의과 · 농과 · 사범과(이상 기설) · 정경과 · 문리과(이상 신설) 등 5개 단과대학으로 구성된 대구국립종합대학 설립인가를 신현돈 경북도지사 명의로 문교부에 신청하였다. 대학편제와 학생정원은 단과대별로 8학급 640명이었다. 그러나 기성회 스스로 종합대학 설립을 철회하고 대신 단과대학 설립으로 방침을 변경하였다.

　　문교부장관의 구두 승락을 얻은 기성회는 재단조성위원회와 개교준비위원회로 하여금 가칭 '대구문리과대학' 의 개교준비를 서둘렀다. 1947년 1월 13일 대구시 남산동 소재 천주교구 신학교 교사 일부를 임시교사로 빌렸다. 이어서 2월 10일 이규원을 임시 학장대리로 선임하고 201명의 신입생을 뽑아 대구문리과대학 개교식이 거행되었다. 당시 학과 편성은 예과(2년제)로 문과, 이과 1학급씩과 전문부(3년제)인 법과 1학급이었다.[40]

　　대구문리과대학은 예과와 전문부만으로 구성된 학교였으며 법적인 면에서도 학교를 운영할 재단법인이 구성되지 못한 상태였다. 1947년 8월 21일 기성회 집행위원회는 대구문리과대학의 정식대학 승격문제를 논의하고 교명 · 운영형태 및 재단 구성 등에 대하여 의결하였다. 교명은 경북대학 · 영남대학 · 신라대학 · 대구대학 등 4개 명칭 중 다수결로 대구대학을 채택하였다. 운영형태는 국립 · 도립 · 사

40　영남대학교, 위의 책, 1996, 77쪽.

립 등 3개안 중 다수결로 사립안을 채택하였다. 재단법인의 조직은 우선 평의원을 위원회에서 선출하고 선출된 평의원이 이사 및 감사를 뽑기로 의결하였다. 당시 20명의 평의원이 선출되었고 그들의 선거에 의해 선출된 감사와 이사는 다음과 같았다.[41]

이사장 : 정해붕(다액기부자)
이사 : 이상렬 · 최준 · 안주홍(이상 다액기부자) · 허억 · 장인환 · 함승호 · 최항묵 · 김찬수 · 이호정
상무이사 : 조용기
감사 : 이상호 · 추병화(이상 다액기부자) · 한규홍 · 김충학

이와 같이 대구대학은 다액기부자에 의한 이사장 및 이사 선출을 보여줌으로써 사립학교 설립의 한 특징을 드러냈다. 유의할 점은 한 개인의 출자가 중심이 아닌 여러 유지들의 집단적인 출자로 이루어지고 있어 다른 사립학교의 기금조성과 대비되고 있다.

한편 재단법인의 조직을 서둘러 정해붕 이외에 경북도민 유지의 성금 1천만 원과 이상렬 등 유지의 토지 98만 5천 평 및 최준의 장서 5,500여 권을 기본재산으로 하여 같은 해 6월 대학과 재단법인의 설립인가 신청서를 제출하여 1947년 9월 22일 정식 인가를 받았다.

대구대학의 경우는 여타 다른 사립학교보다도 재단설립과 기금조성의 내역이 잘 밝혀진 사례일 것이다. 교지에 실려 있는 기부자와 액수 등은 다음과 같다.[42]

---

41 영남대학교, 앞의 책, 1996, 78쪽.
42 영남대학교, 앞의 책, 1996, 79쪽.

〈현금기부자 명단과 그 금액〉

최준 40만 원, 임상조 2천 원, 김봉은 30만 원, 김경곤 100만 원, 이정우 100만 원, 배선규 24만 원, 최항묵 1만 원, 경북도청 40만 원, 경북문화협회 3만 9천 원, 정해붕 860만 원, 김정수 5천 원, 경북향교재단 100만 원, 이세호 5천 원, 전세덕 100만 원, 의성군수 11만 원, 윤남용 1만 원, 김충학 2만 원, 윤윤복 6만 원

〈토지 기부자 명단과 평수〉

이상호 전답 189,237평, 이상렬 전답 485,897평,
芹田(미나리밭) 294,298평
정해붕 전답 236,721평, 추병화 전답 42,523평, 김석주 임야 129평
이유득 임야 1,050평, 안주홍 전답 53,679평

이처럼 여러 사람이 토지와 재산을 기부하였다. 여기에 주목되는 점은 사립학교이지만 경북도청과 문화협회 및 향교재단이 학교설립에 재산을 기부하면서 참여하고 있다는 사실이다. 비슷한 유형의 학교가 앞에서 설명한 전주 명륜대학일 것이다. 이는 당시 지방의 향교재단이 조직력과 경제력을 어느 정도 보유하고 있었음을 보여주는 사례라고 생각한다. 결국 대구대학의 경우에는 개인 희사자와 미군정조직, 향교재단 등과 같은 지방조직 등의 복합적인 참여로 학교를 세울 수 있었던 것이다.

반면에 광주지역의 조선대학은 설립기금동지회를 통한 모금활동을 잘 보여주고 있다. 즉 해방이 되자 광주에서는 민립대학 설립의 지속적인 사업이라는 구호 아래 광주지방법원과 지방검찰청의 판·검

사 및 변호사들이 중심이 되어 법률전문학교를 설립하고자 하는 추진 인사들과 이와는 별도로 光州府尹이었던 徐珉豪와 光州府廳 總務課 長 朴哲雄 등 광주지역의 유지급 인사들이 주축이 되어서 활발히 움 직이기 시작하였다.[43)]

1946년 3월 서민호 시장이 박철웅을 광주시청 총무과장에 발탁하 면서 대학설립에 대한 실질적인 계획에 착수하였다. 서민호는 전라남 도 고흥의 대지주의 아들로 교육 사업에 뜻을 두고 있었다. 1933년 그 는 유산으로 南鮮貿易 주식회사를 설립하였다가 2년 뒤 전남 벌교에 있는 사립 송명학원을 인수하여 덴마크식 농민학교로 육성하고자 노 력했다. 그러나 이 학교의 운영은 실패로 막을 내렸다.

1946년 4월에 서민호로부터 대학설립 임무를 부여 받은 박철웅은 동참할 인물을 규합해 나갔다. 그들은 일본 유학시절의 동문관계나 광주 동부교회의 교우관계였다. 광주에 종합대학을 세우려는 운동은 1946년 5월 모임에서 구체화되었다. 이 모임에서 합의된 요지는 첫 째, 대학설립과 동시에 부속중학교와 부설 생산공장을 건설한다. 둘 째, 대학의 명칭은 조선대학으로 한다. 셋째, 설립동지회를 결성한다. 넷째, 대학설립동지회의 회칙 규정을 제정할 위원을 선임한다는 것 등이었다.[44)]

몇 차례의 모임을 통해 설립동지회의 구성은 전국으로 확대한 범국 가적인 구성체로 하고 전라남도 도청과 시청·법원·검찰청·세무 서 등의 간부급 공직자들과 도내 각급 학교 교장급 및 지역 유지 등을

---

43 조선대학교, 『조선대학교오십년사』, 1997, 37쪽.
44 조선대학교, 위의 책, 1997, 44쪽.

명예이사로 추대할 것 등이 결정되었다.[45]

설립동지회는 집행위원장에 박철웅을 추대하고, 부위원장·총무부장·교육부장·기획부장·생산부장·재무부장(박철웅이 겸임)·감사·이사 등을 선출하였다. 아울러 문학학부(철학과, 문학과, 예술학과)·법학부(법학과)·정경학부(정치학과, 경제학과)·공학부(광산학과, 기계학과, 공업학과, 전기학과, 토목학과, 건축학과)로 대학을 구성하였다.[46]

설립동지회의 특징은 총본부를 광주시에 두고 각 도·시·읍에까지 단위조직을 설치하려 계획했다는 점에서 찾을 수 있다. 이는 앞에서 말했듯이 전국적인 조직을 지향한 결과인 동시에 일제 강점기하의 민립대학 설립기성회의 취지를 계승하려 한 결과이기도 하였다.

설립동지회의 회원자격은 다음과 같았다.

> 회원 자격은 '조선인으로 한정을 하되, 會費 1원 이상을 납입한 자로 정한다'였는데 조선대학의 설립동지회의 경우는 會員 資格은 '湖南人으로서 매년 회비 일백원 이상을 성실히 납입한 자로 정한다'로 하였다가 다시 총회 석상에서 회원의 자격을 전국으로 확대하자는 제의가 받아들여져서 본 회의 목적에 적극 찬성하고 본 회의 이상을 달성하기 위하여 성실하게 진력코자 하는 뜻있는 사람으로 매년 백원의 회비를 납부한 자를 회원으로 한다.[47]

---

45 조선대학교, 앞의 책, 1997, 45쪽.
46 조선대학교, 앞의 책, 1997, 46쪽.
47 조선대학교, 앞의 책, 1997, 47쪽.

집행위원들은 우선 光州夜間大學園부터 개설하기로 하고 1946년 9월에 인가를 받았다. 당초에는 朝鮮大學園이라는 교명으로 서류를 신청했으나 광주야간대학원으로 바뀌게 된 것이다.

우선적인 문제는 강의실 마련이었는데 임시강의실로 광주상업전수학교 · 서중학교 · 서석초등학교 · 중앙초등학교, 관음사 강당 등이 마련되어 1946년 9월 29일 개교하기에 이르렀다.[48]

동년 11월 23일 광주야간대학원은 조선대학원으로 변경되었다.[49] 그 다음해부터 조선대학원 학생회는 기금모금운동에 들어갔고 지역민들의 기부가 행해졌다. 『교지』에 소개된 대표적 사례를 보면,

전라남도 영광군 영광면 도동리 조희범씨가 100만 원을 기부하였고(동광신문, 1947년 5월 30일), 여수 호남 고무회사 사장인 김영준씨는 기금백만 원과 교사 건축자재로 써달라면서 삼백팔십만 원에 해당되는 건축자재를 기부해 왔다(동광신문, 1947년 7월 24일). 어디 그 뿐인가. 광주시 대정동(현 대인동)에 사는 김말례 여사는 임야 5정보를 희사하였고(동광신문, 1947년 7월 24일), 광주시 금동의 최학봉 씨는 논 4,600평(현 조선대학교 종합운동장 부근)을 희사하였고, 광주시 지산동의 윤병갑 씨는 현 본대학교의 부속 여자중학교로 통하는 도로를 내게 되었는데 자기집 울안에 위치한 감나무밭의 중심지를 관통하는 길을 분할해서 내놓기도 하였다.

전라남도 보성에 사는 이대순 씨는 10만 원, 전라남도 영광에 사는 정동윤 씨가 6만 원, 영광의 김종화 씨가 5만 원, 정태희 씨가 5만 원, 허승 씨가 5만 원, 장성의 이기우 씨가 10만 원 등 …[50]

---

48 조선대학교, 앞의 책, 1997, 48쪽.
49 『동아일보』, 1948년 5월 25일자.

이처럼 독지가들이 기금을 조성해 주었으나 현재 학교에 남아 있는 자료가 없다. 학생들은 전남도청에서 마련해 준 20여 대의 차에 분승하여 모금활동에 나섰다. 이러한 모금활동의 고조 열기 속에서 회원수는 1948년 1월 1일에 7만 2천여 명이 되었고, 모금 액수도 총 1,541,116원이 되었다. 이를 토대로 1948년 5월 16일자로 재단법인 '조선대학' 설립인가를 받게 되었다.

전체적으로 살펴보면 설립기금의 조성과정은 대학설립기성회라는 조직을 통해 이루어졌다. 국·공립의 경우에는 기성회가 일제하부터 학교설립운동의 경험을 가지고 있었기 때문으로 분석된다. 특히 기성회의 활동에서 그 지역 학생들이 커다란 역할을 수행하였다. 아울러 미군정 조직과 지역 경제계와 유지들의 활약과 경제적 도움이 중요한 위치를 차지하고 있었음은 물론이다. 주요한 기부 품목은 부동산이 대부분을 차지하고 있었다. 농업 위주의 산업구조에서 연유한 현상이었다. 부산수산대학처럼 조합이 주도한 경우는 예외적인 사례로 주목된다고 할 것이다.

2. 大學運營

다음으로 대학 설립 이후 각 대학의 운영상황을 살펴보고자 한다. 미군정기라는 과도기로 인해 많은 학교들이 운영에 어려움을 겪었다.

---

50 조선대학교, 앞의 책, 1997, 60쪽.

각 학교별로 사례를 검토하여 당시 학교운영의 실태에 접근해 보고자
한다.

1) 국·공립학교

서울대학교는 국대안사건 등으로 여러 가지 운영의 어려움에 직면
하였다. 초대총장에 미국인 앤스테드가 임명됨으로써 상황은 더욱 어
렵게 되었다. 초기에 서울대학교는 대학본부의 직제를 3처(학생처·
교무처·여학생처)·1국·9과로 조정하였다. 재정운영은 미국식 법
규에 의한 예산집행방식을 사용하였다. 이것은 재무부장이 모든 예산
을 총괄하여 집행하는 방식으로 예산지출기관 대신 과도적으로 國庫
支出官 제도를 실시하고 1949년부터는 物品會計官吏·物品取扱主任
을 두었다.[51]

이런 회계제도 방식에 따라 1946년 서울대학은 394,646,000원의 국
고지원을 받게 되었는데, 이는 정부 대학교육비의 93.3%였다. 이외에
서울대학교의 예산은 학생납입금과 후원회비로 충당되었다. 이런 방
식은 이후의 국립대학의 기본적인 예산편성이 되었으며 서울대학교
로의 집중적인 국고지원은 현재까지 지속되어 여타 지방의 국립대학
과의 불균형을 초래하는 요인이 되고 있다.

한편 기존의 각 전문학교가 4년제 대학으로 변경됨에 따라 여러 가
지 운영상의 문제가 대두되었다. 서울대학교는 경성대학과 기존의 각

---

51 서울대학교, 앞의 책, 1996, 27쪽.

종 전문학교가 통합·개편함으로 인해 과도적인 복합학제가 불가피하였다. 구 경성대학의 예과제도는 1946년 신입생 모집 이후 폐지되었고 전문학교에서 통합 개편된 법대·의대·상대·농대·공대·치대의 경우에도 전문학교의 개편형태로서 전문부가 부설되었다가 1946년 이후 폐지되었다. 또 구 경성대학의 학생이 일부를 이루었던 법대와 공대에는 구 학제인 3년제 과정이 병설되었다. 그리고 사범대학에는 구 경성사범·경성여자사범의 본과 하급학년을 위해 전문부가 일시 부설되기도 하였다. 이런 학제는 1946년도 신입생이 졸업하는 1949년도까지 계속되었다. 이러한 임시적인 학제는 다른 사립학교에서도 마찬가지였다. 일제하의 대학교육정책이 남긴 부산물의 하나였던 것이다.

지방의 다른 국·공립학교들도 운영상에서 어려움을 겪기는 마찬가지였다. 우선 이리농과대학의 경우에는 1948년 9월 1일에 농학과 본과의 개강식이 있었는데 당시 학생은 예과 수료생 20명과 따로 모집한 6년제 중학교 졸업생 40명을 합하여 60명이었으며 교수는 6명이었다. 초대학장은 당시 전라북도 지사인 朴鍾萬이 겸임했으며 학교의 실제 살림은 설립기성회의 상임위원장 겸 총무부장이던 양윤묵 목사가 담당하였다. 그 뒤 1949년에는 白南赫이 전임 학장으로 취임하면서 재정난 타개와 시설 확보에 노력하였다. 그결과 1949년 7월에는 도비 5백만 원을 배정받기도 하였다.[52] 다른 국·공립대학의 경우도 대부분 국고지원이 없어 어려운 상황이었다.

경북대학교 전신의 일부인 대구농과대학은 1946년 10월 항쟁으로

---

52 전북대학교, 『전북대학교 50년사』(상), 1997, 5~6쪽.

전체 학생이 일단 퇴학처분을 당한 다음 재입학하는 진통을 겪었다. 1947년 2월에는 李鳳熙 교수가 학장직을 맡으면서 8명의 교수가 보강되었다.

1947년 9월 농과대학은 4년제 대학에서 2년제로 개편되었고 李環一 학장이 부임하였다. 이 해에 임시중등교원양성소(생물과 40명, 물상과 40명)가 부설되었다.[53]

대구사범대학도 학내의 사상적 대립 속에서 학문에 몰두할 분위기를 상실하였다. 1947년 10월 1일 초대학장에 高光萬 교수, 부학장에 孫癸述 교수가 취임하였고 사회생활과는 역사과와 사회과학과로, 물리화학과는 물리과, 화학과로 분리되어 독립학과가 되었으며 지리학과가 신설되었다.

1948년 7월 5일 손계술 교수가 다시 학장서리로 취임하였고 동년 7월 21일에는 대구사범대학 제1회 학사학위와 중등학교 및 사범학교 정교사자격증 수여식이 거행되어 총 15명의 1회 졸업생을 배출하였다.[54]

강원대학교의 전신인 춘천농업대학은 1947년 7월 30일 당시 강원도 학무국장이었던 이재학이 학장서리로 발령받았다. 대학시설은 강원농업중학교 건물과 시설을 기반으로 하려 했으나 인가된 춘천농업대학은 강원농업중학교와 아무런 관련이 없는 독립된 교육기관이었다. 이에 강원농업중학교 건물을 빌려 쓰게 되자 양교 간에 불화가 발생하였다. 설상가상으로 강원농업중학교 본관 건물이 화재로 소실되

---

53 경북대학교,『경북대학교50년사』, 1996, 40쪽.
54 경북대학교, 위의 책, 1996, 42쪽.

어 창고나 천막으로 임시 사무실과 교실을 마련하였다. 다행히 문교부가 복구재원을 지원하여 본관 1개 교실(약 100m²)과 부속건물 1동 (교실 및 도서실로 약 250m²)을 사용할 수 있게 되었다.[55]

이재학이 명목상으로는 학장서리였으나 실제 운영은 함인섭이 담당하였다. 대학의 행정부서로는 교무과·학생과·서무과를 두었다. 1948년 2월에는 함인섭이 학장서리로 발령을 받았다. 함인섭은 1972년 정년퇴임 때까지 대학의 발전을 위해 노력하였다.[56] 이 학교는 공립인데도 불구하고 설립주체인 함인섭이 지속적으로 운영을 담당했다는 점에서 이색적인 모습을 보여 주는 사례이다.

2) 사립학교

사립학교의 경우에는 이화여자대학교가 학교운영에 대한 사례를 잘 보여주고 있다. 이화여대는 1945년 9월 종합대학교안을 본격 추진하면서 학생모집광고를 냈다. 인가도 되지 않은 상태에서 전문학교가 아닌 이화여자대학으로 『대한매일신보』에 광고를 게재했던 것이다. 전공 분류는 문과·가사과·보육과·교육과·음악과·의학과 등이었고 수업연한은 전문부·대학부 각 3년으로 했으며 자격은 고등여학교 졸업자로 제한하였다.[57]

---

55 강원대학교,『강원대학교 50년사』, 1997, 26쪽.
56 강원대학교, 위의 책, 1997, 42쪽.
57 이화여자대학교,『이화100년사』, 1994, 297쪽.

학과는 단과대학별로 분화되어 있지 않고 전문부·대학부라는 이중 구조를 이루면서도 자격여건이나 수업연한에는 아무런 차이를 두지 않았다. 학생모집학과는 6개 학과였지만 나중에 약학과·미술과·체육과를 포함한 9개 학과로 되었던 점에 비추어 초기에는 개설 학과의 설정이 유동적이었음을 알 수 있다.

『신조선보』 1945년 10월 13일자 "조선여성 계몽에 중대한 책무를 지고 새로운 출발을 하게 된 이화여자대학교의 8일 현재 입학지원자 수는 다음과 같다. 가사과 285명, 문과 240명, 의과 117명, 약학과 105명, 음악과 65명, 체육과 15명, 미술과 30명, 보육과 20명, 교육과 42명, 합계 919명"라는 기사에서 알 수 있듯이 이는 여성들의 고등교육에 대한 높은 열망을 반영하고 있다.

학생들은 연령·경력·출신지역에서 매우 다양한 양상을 보였으며 결혼 경력자·전직 은행원·사무원 등도 포함되어 있었는데 이러한 사람들은 곧 학업을 포기하였다.

2·3학년에는 편입생도 받아들였는데 일제시대에 전문학교를 다니다가 중단한 사람, 중국·일본·동남아 등지에서 학교를 다니다가 돌아온 사람들이 주로 편입을 하였다. 이와 같은 과정을 거쳐 이화여대는 전교생 913명의 종합대학교로 1945년 10월에 첫 학기를 시작하였다. 김활란 총장은 개강 당일의 상황을 다음과 같이 전했다.

> 10월 22일 대학을 다시 열었다. 우리는 900여 명의 학생들을 모두 강당(현재의 중강당)에 앉히기에는 협소하기 때문에 부득이 체육관의 마루바닥을 이용할 수밖에 없었다. 건물 3층이 학생들로 가득 메워졌다. 기숙사도 넘쳐서 입사를 기다리는 학생이 대기자 명단에 60명이나 올라 있다. 이화에는 현재 약 50명의 교직원이 있다. 많은 옛 교수가 돌아 왔고 여기에

새로운 교직원이 더해졌으나 그들의 대부분은 과중한 짐을 지고 있다.[58]

이처럼 이화여대는 학생과 학교의 열의 속에서 재출범하였다. 전교생이 913명이었는데 이는 당시 전국 여대생의 대부분을 차지하는 숫자였다. 문교 통계요람에 의하면 1945년도 대학생 총수가 7,819명인데 그 중 남자대학생 수는 6,733명, 여자대학생의 수는 1,086명이었다.[59]

이 중에서 이대생의 수가 913명이므로 당시 전체 여대생의 90.3%를 차지하는 높은 비율이었다. 물론 당시 여자대학의 수효가 많지 않았던 점을 상기할 필요가 있다. 그럼에도 이화여자대학의 존재가 한국여성의 고등교육에서 차지하는 위치가 높았음은 사실이라고 하겠다.

1947년 6월 초에는 전문부 학생 편입 건을 문교부에 인가 신청하였으며 전문부 재학생에게 학부편입 지원서를 보증인 연서로 제출케 하였으며 원서 제출자에게 학부편입시험 응시자격을 부여하였다. 학부에 편입하는 각 학생의 학년은 과거 전문부 재학생의 각 학기 평점 및 성적을 '학부편입 사정위원회'가 작성한 환산표에 의거하여 환산한 득점수에 의해서 결정하였다.

편입시험은 1947년 6월 20일과 21일 양일간에 걸쳐 시행되었고 사정결과 응시자 전원인 799명이 학부에 편입되었다. 이 편입시험 후

---

58 「김활란 총장이 재미이화협동위원회에 보낸 서한」(1945년 11월 22일). 이화여자대학교 도서관 특수자료실 소장.
59 문교부, 『문교부통계요람』, 1953, 338~340쪽.

학생들은 학년이 아니라 A·B그룹으로 나뉘었는데 45년 4월 입학자와 10월 입학자는 B그룹, 46년 9월 입학자는 A그룹이라고 하였다. B그룹은 2학년에, A그룹은 1학년에 해당하는 셈이다.[60] 이와 같이 이상한 학제는 당시 예과와 전문학교로 존재하던 학제를 신제로 개편하면서 야기된 결과였다.

편입시험에 응하지 않은 학생은 전문부 3년 과정으로 1948년 7월에 졸업하였다. 이로써 이화여대는 전문부는 없어지고 학부학생만 남게 되었다. 전문부 졸업생은 경제사정이 여의치 않거나 결혼을 서두르는 학생들이 주류를 이루었다. 이외의 일부 학생들은 "1년을 더 수학해야 하는 학부편입은 3년 만으로 졸업할 수 있는 기득권 침해다"라는 주장 아래 학부편입을 거부하고 전문부로 졸업하였다. 이 학부편입 방침에 대항하면서 학생들을 규합하여 전문부로 졸업하도록 선동했던 학생은 주로 좌익학생이었다. 한국의 대학가 전반에서 좌익학생들이 주동이 된 '국대안 반대투쟁'이 극렬했던 시기에 이화여대에서는 '학부편입 반대투쟁'이 펼쳐졌던 것이다.

학부에 편입한 학생들의 실력을 정상적인 대학진학자와 차이가 없게 만들려고 총 이수학점을 당시 문교부 규정 180학점보다 훨씬 많은 200 내지 210학점으로 높였다.[61]

한편, 1946년 종합대학교로 변신한 이화여대는 9개 학과를 3개원으로 편성하여 각기 한림원·예림원·행림원이라는 명칭을 부여하였다. 한림원은 문과·가사과·체육과·교육과 및 아동교육과(2년제)

---

60 이화여자대학교, 위의 책, 1994, 304쪽.
61 이화여자대학교, 앞의 책, 1994, 304쪽.

로 구성되고 예림원은 음악과·미술과로, 행림원은 의학과·약학과로 구성되었다. 각 학과는 기독교 교육이념을 바탕으로 국가와 사회 발전에 공헌할 수 있는 정신과 능력을 겸비한 여성지도자 양성을 교육목표로 하였다. 초대원장에는 한림원장에 박마리아, 예림원장에 심형구, 행림원장에 최재유가 취임하였다.[62]

그러나 이 학제는 여성고등교육에의 열망이 팽배하고 학생수가 날로 증가하면서 매년 재편성되었다. 학제의 개편은 1947년 9월부터 이루어졌다. 개편의 골자는 각 과를 부로 변경하고, 각 부에 전공학과를 설치한다는 것이었다.

즉 한림원 산하의 문과는 인문학부가 되어 국어국문학과·영어영문학과·기독교사회사업학과로 재구성되었다. 한림원 산하의 가사과는 가정학부가 되어 가정학과·의류학과·영양학과를 두었고 체육학과는 체육학부가 되어 체육학과를 두었다. 또한 교육과는 교육학부가 되어 교육학과와 2년제 아동교육과로 구성되었다.

예림원의 음악과는 음악학부로 되어 피아노과·성악과·현악과·작곡과를 두었고 미술과는 미술학부가 되어 동양화과·서양화과·자수과·도안과로 구성되었다

행림원은 의학과가 의학부로 되어 예과·본과로 구분되었으며 약학과는 약학부가 되어 약학과를 두었다. 1950년까지 이러한 체제가 유지되었다.[63]

한편 시설의 확보도 중요한 문제였다. 개강 후 학생수의 증가로 공

---

62 이화여자대학교, 앞의 책, 1994, 305쪽.
63 이화여자대학교, 앞의 책, 1994, 306쪽.

간과 실험실습실이 크게 부족하였다. 해방 당시 이화에는 본관·음악관·교육관·체육관·영학관·롱뷰·기숙사 및 가사실습소가 있었다. 건물은 목조한옥인 가사실습소를 제외하고는 모두 석조 건축물이었다. 각 건물에는 강의실과 행정사무실 외에 부대시설을 갖추고 있었다. 예컨대 본과에는 물리·화학·생물실험실과 요리실습실, 그리고 도서관·박물관·소강당이 있었고 음악관에는 피아노연습실과 강당, 체육관에는 실내체육실, 그리고 교육관에는 유치원 등이 있었다.[64] 이런 면에서 이화여대는 다른 여타 대학에 비해 좋은 환경에 속하는 편이었다고 할 수 있다.

또한 미군이 진주하면서 학교 교사가 군인병원으로 징발당할 위기에 처하였으나 김활란 총장의 설득으로 시설 접수를 모면할 수 있었다. 그에 따라 이화여대는 빠르게 개강할 수 있었다.

같은 해 12월에는 의학과의 실습병원으로 동대문 부속병원을 개원하였으나 학생수의 증가로 공간부족 현상은 심화되었다. 이에 따라 1948년부터 건물의 증축과 신축이 시작되었다. 1948년 10월에는 음악관 옥상에 있는 구 펜트하우스를 고쳐 교실 6개를 만들었으며 이곳에서 미술학과가 태동하여 후일 미술대학으로 발전하였다.

1948년 6월에는 과학관과 총장공관을 신축하기 위한 건축위원회가 구성되었다. 이 과학관은 아펜셀라 교장을 기념하여 지어졌는데 연건평 1,162평에 1억 6천만 원이라는 거금이 투입되었다. 1947년 7월에는 총장공관이 미스 월터를 중심으로 위치타시에 있는 이화친구들이 보급해 준 금액으로 1950년에 작성되었다.

---

64 이화여자대학교, 앞의 책, 1994, 309쪽.

이와 같이 이화여대는 사립학교로서 큰 혼란을 겪지 않고 여성교육의 요람으로 새롭게 도약할 계기를 마련할 수 있었다. 이는 김활란 총장의 활동과 미군정기라는 시대적 배경이 도움으로 잘 작용하였다.

한편 보성전문학교는 종합대학교 승격과 동시에 교장 현상윤을 초대총장에 임명하고 보성전문학교 시절부터 봉직하고 있던 兪鎭午를 정법대학장, 李常薰을 경상대학장, 李鍾雨를 문과대학장, 李相殷을 학생감에 임명하고 각 학과 교수진을 편성한 다음 1945년 9월 개강하였다. 당시의 학제는 신학제가 시행되기 전이므로 대학학부와 제1전문부(대학예과), 제2전문부를 설치하였다.

일제 말기의 전문학교는 4년제 중학교를 졸업한 자가 입학하여 3년간 전문과목을 이수한 후 졸업하였다. 그러므로 고려대학교 설립 당시의 보성전문학교 졸업생 중 대학에 진학할 사람은 학부 2학년에 편입하고 2년 수료자 중 대학에 진학할 사람은 학부 1학년에 편입하고 종전대로 전문학교 졸업을 희망하는 사람은 제2전문부 3학년으로 진급시켰다. 또 1년 수료자 중 대학진학자는 예과 2학년, 전문학교 졸업 희망자는 제2전문부 2학년으로 진급시켰다. 신입생은 예과 1학년에 한하여 모집하고 제2전문부 1학년은 모집하지 않았다. 따라서 고려대학교 설립 당시 각 학과 재적생은 다음과 같다.

정법대학   정치학과 1, 2학년 법률학교 1, 2학년

경상대학   경제학과 1, 2학년 상학과 1학년

문과대학   국문학과 1학년, 영문학과 1학년, 철학과 1학년,
                          사학과 1학년

제1전문부(예과) 정법과 1, 2학년 경상과 1, 2학년 문과 1, 2학년

제2전문부   법과 2, 3학년 경제과 2, 3학년

이처럼 정치학과 · 법률학과 · 경제학과에만 2학년이 있고 여타 학과에 2학년이 없는 것은 보성전문학교 졸업생 중 이 세 학과에만 전공자가 있고 다른 학과에는 전공자가 없기 때문이었다.

이상과 같은 편제는 해방 이후 대학승격에 따른 과도적인 조치였으며 2년 후인 1948년 제2전문부 39회 졸업생과 예과 수료생을 마지막으로 전문부와 예과를 폐지하고 신제 6년제 중학교 졸업자로 대학 1학년생을 선발함으로써 정상궤도에 올랐다.

고려대학교 설립 당시의 등록금은 제1기분의 수업료가 360원이었고, 신입생은 입학금 60원을 더 내야 했다.[65] 등록금은 정부 수립 이후 인플레이션 등으로 인해 크게 상승하였다. 즉 입학금 2,000원, 수업료 5,000원, 호국단비 1,500원, 학습용지대 1,500원, 도서연모료 5,200원, 후원회입회금 25,000원, 후원회비 7,500원 총 47,700원 이었다.[66]

당시 심각한 인플레이션이 대학 등록금에도 반영되어 있음을 알 수 있다. 이런 경제상황은 대학운영에서의 재정계획과 운영에 커다란 부담으로 작용했을 것이다. 즉 폭발적인 인플레이션은 교직원의 급료지급은 물론이고 학교 기자재와 설비 투자의 계획을 어렵게 만드는 주요인이 되었을 것이다. 이는 최종적으로는 교육의 부실을 낳게 하는 요인이라고 하겠다.

연희전문학교에서는 1945년 10월 6일 학교의 운영문제를 협의하기 위한 간부회의가 열렸다. 간부회의에는 최규남 · 이원철 등이 참석했

---

65 고려대학교, 앞의 책, 1995, 295~296쪽.
66 고려대학교, 앞의 책, 1995, 307쪽.

다. 이 회의에서 협의된 내용은 다음과 같다.

    1) 대학 승격을 위하여 교수진을 강화, 확보한다.

    2) 학제는 예과 3년, 학부 3년으로 계획하기로 하되, 우선 그 예비학교로 3년제의 전문학교로 다시 출발하기로 하고, 학부에는 문·상·이·신학부의 4학부를 두기로 한다. 또 문학부에는 국문, 영문, 사학, 철학과를, 정경상학부는 상학, 외교, 정치, 경제학과를, 이학부에는 물리, 수학, 화학, 기상학과를 설치하기로 한다.

    3) 재정은 1946년 3월까지는 접수받은 예산으로 충당하고, 1946년 4월부터는 전쟁 중(4년간) 사용치 않은 재미협동이사회의 적립금 이자를 사용한다(이 적립금 이자는 원한경이 내한하면서 불원 가져올 것이라는 희망적인 것이었지 약속받은 것은 아니었다).

    4) 학교의 운영을 위해서 접수위원은 (잠정적으로) 이사회를 구성하고 호선으로 유억겸을 교장으로 선임한다. 그리고 문학부장 김윤경, 상학부장에 이순탁, 이학부장에 장기원, 신학부장에 장석영을 임명한다.[67]

교장 유억겸은 한국인 교수 중 친일적인 교수는 퇴직시키고 교수진의 강화에 노력했다. 이미 초청된 김윤경·정석해·장기원·이순탁·장석영·김선기 외에도 다수를 추가로 초빙하였다. 10월 27일에는 간부회의를 소집하여 일본인 전 교장을 10월 29일자로 정식 파면할 것과 보결생 모집문제를 협의했다. 학생수가 극도로 감소되어 있는 상태에서 외지에서 귀국하는 학생들이 많았기 때문이었다. 보결생은 1, 2, 3학년을 다같이 모집하기로 하고, 지원자의 원서 제출은 11월 6일까지 입학시험은 11월 8, 9일, 그리고 11월 15일에 개학하기로 결

---

67 연세대학교, 앞의 책, 1985, 336쪽.

정하였다. 한편 재학생은 11월 6일에 개학식을 가진 후 처음 1주간은 국사와 국어를 강습시키고 신입생에게도 이를 적용하기로 하였다.

한편 10월 30일 전 교장 원한경이 미군정청 고문으로 내한했고 이를 계기로 학교의 기구도 합법적으로 부활되었으며 교명도 연희전문학교로 다시 부르게 되었다. 이로써 1942년 8월 이래 일제에 피탈되었던 학교를 되찾게 된 것이다. 이후 학교운영은 접수위원과 원한경이 참석하는 이사회에서 처리하게 되었다.[68]

연희대학교는 1945년 11월 6일 개학식을 거행하였다. 이 날은 전문부 1, 2, 3학년의 보결생 모집의 원서제출 마감일이기도 하였다. 지원자는 3,000명 이상이었으며, 정치외교학과와 경제학과의 지원율이 가장 높았다.

다른 사립학교처럼 연희대학교에도 일본·만주 등지에서 귀국한 학생들과 본교생으로 자퇴 혹은 징발되었던 학생들이 입학을 지원하였다. 경쟁률은 평균 7 대 1로 합격자는 모두 494명 이었다. 이들과 재학생 394명을 합하여 888명의 학생이 등록을 하였다.

교장 유억겸은 11월 14일 주요 보직을 재임명하고 교수회를 개최해서 교수의 등급과 봉급을 규정한 외에 학교운영 전반에 걸친 간담회를 가졌다. 이날 협의된 봉급은 일급교수는 본봉 550원·물가수당 500원을 합한 1,050원으로 하고 조교수·사무원·용원 등은 각각 3급으로 구분해서 체감하기로 했다.[69]

12월 5일부터 강의가 시작되었는데 매일 2시간의 정규강의와 1시

---

68 연세대학교, 앞의 책, 1985, 337쪽.
69 연세대학교, 앞의 책, 1985, 338쪽.

간 반의 특별강의(사회명사를 초빙한 수강)로 이루어졌다.

1945년 12월 18월 연희전문학교 교장이었던 유억겸이 미군정청의 학무부장에 취임하였고 백낙준이 새로운 교장으로 선출되었으나, 연희대학교의 정상화는 쉽지 않다. 연희대학교는 4개학부 13개 학과를 모집했기 때문에 강의실이 부족한 형편이었고 물가 폭등으로 교수 대우와 학교경영에도 큰 난관이 가로 놓여 있었다.

1946년 4월부터 접수위원회는 학교운영 방안을 모색하였다. 2월 11일 먼저 교수의 봉급규정을 조정(교수 봉급 900원을 인상하여 교수 1급이 1,600원이 되게 함. 연구비 200원씩을 더함)하고, 사무직원의 대우도 향상시켰다. 또 운영난을 해결하는 방법으로 동문의 협조를 요청하기로 했다. 2월 23일에는 동문회 임원회가 열려서 김윤경·이묘묵·임병혁·임병철·유기홍·배은수·안창해 등이 모금운동을 벌이기로 합의하였다. 이후 동문회는 30여만 원을 후원하였고, 김운섭·윤두식 동문의 알선으로 하원준이 시가 3,565만 원 상당의 함안농장(2,112,400여 평)을 기부하였고,[70] 익명의 학부형(개성 거주)도 50만 원을 희사하였다.[71]

백낙준과 원한경은 북장로교와 감리교·캐나다 연합교회 선교부에 대해 인적·물적인 협조를 요청하였다. 그리고 강의실 부족을 해결하기 위해 목조건물인 치원관을 임시교사로 이용하고 종래의 기숙사와 식당도 개조해서 사용하였다.[72]

---

70 『동아일보』, 1946년 6월 1일자.
71 연세대학교, 앞의 책, 1985, 341~342쪽.
72 연세대학교, 앞의 책, 1985, 342쪽.

학교 관계 일부 인사들은 학교의 운영난을 극복하는 방법으로 학생을 증모하자는 견해를 제안하였고 자산(물자)을 불하해서 경비로 충당하자는 안도 나왔다. 또 입학생들로부터 기부를 받자는 안까지 나왔으나 접수위원회 및 원한경과 백낙준의 반대로 부결되었고 동문회가 중심이 된 후원회에 기대를 걸기로 하였다.

단, 학사 업무의 경우 문학부・상학부・이학부・신학부의 4학부 중 신학부만은 잠시 문학부 종교과로 옮겨 두었다가 학생과 교수진의 증원을 기다려서 독립적인 학부로 하자는 의견도 있었다. 이 문제는 원한경의 의견에 따라 접수위원회에서 합의되었으나 곧 수정되었다.

연희대학교의 각 학부는 단과대학이지만 '대학'으로 칭하지 않고 '학원'으로 불렸다. 대학장은 원장으로 하고 교장만은 종합대학교의 총장으로 개칭되었다. 연희대학교의 학제는 다음과 같이 결정되었다.[73]

文學院(500명) : 국문과, 영문과, 사학과, 철학과, 정치외교과, 교육과
商學院(100명) : 상학과, 경제학과
理學院(200명) : 수학과, 물리기상학과, 화학과
神學院(100명) : 신과[74]

한편 1946년 8월 6일에 개최된 이사회에서는 신학기의 총예산을 600만 원으로 책정하였다. 농장수입 약 300만 원, 미국 재단기부 수

---

73 연세대학교, 앞의 책, 1985, 346쪽.
74 연세대학교, 앞의 책, 1985, 346쪽.

입금 약 150만 원, 그리고 학생수업료 약 150만 원으로 충당하기로 하였다.

이 예산안은 대학 운영을 충실화하기에는 크게 부족하여 1946년 3월 2일 재조직된 연희후원회의 활동에 기대를 걸게 되었다. 학교 후원회의 상황은 다음과 같았다.

> 회장 : 양주삼
> 상무이사 : 백낙준 · 윤영선 · 박철재 · 이춘호 · 이순탁 · 김성권 ·
> 　　　　　권영원 · 김윤경
> 전무이사 : 최규남
> 사무소 : 종로예수회(대한기독교서회 빌딩) 내
> 모금액 : 5,000만 원
> 기한 : 3년 예정
> 방법 : 동문과 연합하여 모금운동 전개[75]

또한 연희동문회의 활동도 전개되었다. 1946년 3월 20일에 동문회의 신구임원이 모여 후원방안을 모색했다. 이 회합에서는 대학건설기금으로 1,000만 원을 모금하기로 하고, 우선 8월 말까지 학교경비 100만 원을 모금하는 일이 협의되었으나 학교 후원계획은 별다른 성과를 거두지 못했다. 결국 동문에만 의존하는 후원계획의 결과가 어떠한지를 보여준 셈이다. 이는 앞서 지방의 각 대학들이 학생들을 동원한 설립기금 모금운동과는 다른 양상을 보여준 사례라고 할 수 있다.

사실 이 시기의 각 대학들이 학사 및 재정운영에서 커다란 난관에

---

75 연세대학교, 앞의 책, 1985, 351쪽.

봉착되어 있었음은 말할 나위도 없다. 미군정기라는 과도기의 상황은 새로운 학교운영방식을 요구하고 있었지만 아직 정부조차 수립되지 않은 상황에서 의지와 열의만으로 난관을 극복하기란 쉽지 않았던 것이다. 이와 같은 혼란은 정부 수립 이후에도 어느 정도 지속되었으며 특히 6·25전쟁을 거치며 더욱 가중되었을 것이다. 그런 점에서 이 시기 각 대학의 운영은 새로운 상황에 부딪쳤을 때 대학이 취할 수 있는 문제해결 방식과 관련해 주목해야 할 요소이기도 하다.

제5장 教育理念과 새교육 운동

1. 美軍政期의 教育理念

조선교육심의회는 미군정이 시작된 이후에 한국 교육의 기반을 다지는데 큰 영향을 미쳤음은 앞에서 살펴보았다. 조선교육심의회가 결정한 사항 가운데에서 오늘날까지 가장 중요한 영향을 미쳤던 것 중에 하나가 교육이념이며 이는 향후 우리 교육의 방향을 결정짓는 것이기도 하였다.

1945년 12월 20일 오후 2시에 군정청 제1회의실에서 조선교육심의회 전체 본회의는 교육이념 문제를 최종적으로 심의 결정하였다. 이때 심의된 교육이념은 제1분과[1] 위원장인 安在鴻이 제안한 내용을 약간 수정하여 '弘益人間'의 건국이상을 바탕으로 한 민주국가의 공

---

1 조선교육심의회 제1분과 위원회는 교육의 이념과 목적 및 목표를 논하는 부서로서, 安在鴻·河敬德·白樂濬·鄭寅普·金活蘭·洪鼎植 등으로 구성되었다.

민 양성을 주안점으로 한다는 것이었다.

조선 교육의 근본이념과 방침 수립의 건[2)

弘益人間의 건국이상에 기하여 인격이 완전하고 애국정신이 투철한 민주국 가의 公民을 양성함을 교육의 근본이념으로 함. 우의 이념 관철을 위하여 좌 기 교육방침을 수립함.

① 민족적 독립자존의 기풍과 국제우호 · 협조의 정신이 具全한 국민의 품성을 도야함.

② 實踐躬行과 勤勞力作의 정신을 강조하고, 충실한 책임감과 상호협조의 公德心을 발휘케 함.

③ 고유문화를 순화앙양하고, 과학기술의 독창적 창의로써 인류문화에 공헌케함.

④ 국민체위의 향상을 도모하여, 견인불발의 기백을 함양케 함.

⑤ 숭고한 예술의 감상, 창작성을 고조하여 순후 원만한 인격을 양성함.[3)

이때 정해진 '홍익인간'의 교육이념은 대한민국 정부 수립 이후에도 계속되었다. 이 교육이념이 이때 처음으로 제정된 것은 아니었다. '홍익인간'은 실제로는 상해 임시정부의 교육이념으로 정치 · 교육 · 경제의 균등화로 대표되는 三均主義를 표방하고 개인 · 민족 · 국가 간의 大同化에 따른 世界一家를 달성하자는 목표를 제시하였다. 그에 따라 1941년 임시정부는 대한민국 건국강령을 공포하면서 삼균

---

2 『동아일보』, 1945년 12월 20일자(국사편찬위원회, 『자료 대한민국사(1)』, 641쪽에서 재인용).

3 한국교육10년사 간행회, 『한국교육 10년사』, 서울 : 풍문사, 1960, 85쪽.

주의에 입각한 교육이념을 '弘益人間'과 '理化世界'에 두었다.4)

> 우리나라의 건국정신은 삼균제도에 역사적 근거를 두었으니 … 이는
> 사회 각층각급이 智力과 권력과 富力의 향유를 균평하게 하여 국가를 진
> 흥하며 태평을 보유하리라 함이니, 홍익인간과 이화세계는 우리 민족이
> 지킬 바 최고 公理임(제1장 總綱 2항의 건국정신)5)

이처럼 홍익인간의 정신은 일찍부터 표방되었던 것으로 삼균주의
와 세계일가의 표방은 유학이념에 근거한 것이기도 하다. 즉 『대학』
편에 나오는 修身 · 齊家 · 治國 · 平天下로 이어지는 논리는 개인과
민족, 국가의 대동화라는 표방과 논리상으로 유사하다. 더구나 '大
同'이란 것도 유학이념이 이상사회로 꼽고 있는 『예기』에 나오는 대
동사회에 연원한 것으로 여겨질 수 있다.

결국 홍익인간은 미군정기 조선교육심의회에서 교육이념으로 채
택되었다. 당시 제1분과 위원회는 안재홍, 하경덕, 백낙준, 김활란, 홍
정식 등이었는데 백낙준이 말하는 다음의 얘기는 홍익인간의 채택과
관련된 논란을 말해주고 있다.

> 여러분들이 교육이념을 두세 개 제출해 가지고 토론했는데, 처음에는
> 우리 교육이념이 될 만한 것을 하나도 발견하지 못하였습니다. 그러다가
> 나중에 어떻게 되어서 내가 생각이 나서 홍익인간이라 정하는 것이 어떠
> 냐고 말을 할 때, 그때 모두가 좋다고 하였습니다. 그래 가지고 소위 분과

---

4 손인수, 『미군정과 교육정책』, 서울 : 민영사, 1992, 293쪽.
5 홍영도, 『한국독립운동사』, 서울 : 애국동지원호회, 1956, 350쪽.

위원회에서 홍익인간이라는 것을 가지고 교육의 이념으로 정하고자 했던 것입니다.

이것이 분과위원회에서 결정이 되어서 밖으로 나갈 때에 어느 정도의 반대가 있었던 것입니다. 그 중 이 문제에 가장 반대했던 사람은 白南雲씨였습니다. 왜 홍익인간을 반대하였는가 하면, 반대하는 이유가 八宏一字의 再版이라고 해서 반대하였던 것입니다.

이것이 전체 위원회에서 결정이 되었는데, 원래 이 홍익인간이라는 교육이념은 다른 곳에서 빌어온 것도 아니고, 또 이것이 다른 나라를 배타하는 제국주의 사상도 아니고, 근대사상 그대로를 반영한 것이니까 홍익인간을 우리 이상으로 삼자고 해서 채택이 되었던 것입니다.[6]

백남운이 제기한 문제는 홍익인간의 개념이 일제가 표방한 '八宏一字'와 동일한 맥락이다라는 것이었다. 이 말은 일제의 八宏一字가 사실은 유학이념에서 나오는 '四海同胞'라는 개념과 동일한 것인데 이를 이용하여 자신들의 침략과 식민 지배를 이념적으로 뒷받침했던 것이다. 그런데 앞서 삼균주의에서 말하는 '理化世界' 역시도 논리적으로는 동일한 맥락을 지닌 개념이었던 것이다. 홍익인간도 인간 세상에 널리 이롭게 한다는 것이지만 이것이 우리 민족의 틀을 넘어설 때에는 다른 민족까지 '이롭게 한다'는 것을 구실로 한 팽창주의적 경향을 지닐 수 있다는 것이다. 백남운이 반대했던 이유는 이를 의식했기 때문이었다. 물론 이는 지나친 확대해석일 수 있지만 홍익인간의 표방은 민족적 이념을 바탕으로 했다는 점에서 긍정적인 것이다.

백낙준은 홍익인간의 민주적인 측면을 강조하면서 널리 인간을 이

---

6 백낙준,『한국의 현실과 이상』, 서울 : 동아출판사, 1963, 93~94쪽.

롭게 한다는 의미는 사회인으로서 풍부한 지식을 지님과 동시에 신체적으로 건강하고 건전한 인간을 목표로 하는 근대 교육이론에 입각하여 智·德·體가 조화롭게 성장할 수 있는 全人主義 敎育을 지향하는 것이라고 설명하면서 홍익인간 교육의 당위성을 주장하였다.[7]

어떠한 사람은 이 말이 신화에서 나왔다고 하면서 비과학적이니 교육이념이 되지 못하느니 비판이 없지 아니하다. 이 이념이 우리에게 문자로 들어나서 전하여 오기는 적어도 『帝王韻紀』·『三國遺事』 때 저술되었으니 이제부터 약 팔백년이요, 그 이상 전하여 옴은 언제부터인지 알 수 없다. 『帝王韻紀』·『三國遺事』의 저자는 따로따로 같은 이념을 적은 것이 아니고 옛적부터 전하여 오는 문자 그대로 옮겨 놓은 것이다. 백보를 양보하여 이 말이 신화에서 나왔다고 하더라도 그 이상이 좋고 더욱이 우리 민족의 이상을 가장 잘 표시하는 이상, 우리 교육이념으로 삼지 못할 이유가 없다.

이와 관련해 대한민국 정부가 수립된 후에 초대 문교부장관이 되었던 安浩相은 1946년 11월 10일 조선교육연구회가 주최한 강연회에서 「民主敎育 哲學論」이란 제목 하에서 다음과 같이 말하고 있다.

한 나라의 교육을 맡으신 여러분은 무엇보담 먼저 자기 나라의 교육이념을 똑똑히 해설하여야 합니다. 우리나라의 교육이념은 … 홍익인간입니다. 인간을 크게 유익하게 하는 것은 우리나라 교육일 것입니다. … 여기에 대하여 어떠한 정당의 정치가들은 스스로 학자연하면서 이 홍익인간을 일본인의 八宏一宇와 대체로 같다고 하는 이가 더러 있습니다. 그러나 그

7 白樂濬, 『韓國敎育과 民族精神』, 서울 : 문교사, 1953, 25쪽.

것은 아무 것도 모르는 사람이라고 할 수 밖에 없습니다. 八宏一宇, 四海
同胞主義는 개인이 세계를 지배하겠다는 야심이 있습니다. … 그러므로
四海一國主義, 八宏一宇主義는 자기중심주의, 세계지배주의입니다. … 그
러나 弘益人間이 인간을 가장 크게 유익케 하는 것은 절대로 지배주의가
아닙니다. 자기와 세계 인류를 위해서 희생하겠다는 것 … 홍익인간의 교
육이념이라는 것을 교육적으로 철학적으로 정치적으로 기타 어떠한 부분
으로 본다 할지라도 이 이상보다 큰 것이 없습니다.[8]

안호상은 이처럼 홍익인간 이념에 대한 비판에 대하여 이론적으로
옹호함으로써 그 이념적 위상을 공고히 하려고 노력하였다. 말하자면
홍익인간은 지배주의가 아닌, 인류를 위한 봉사와 희생을 의미하는
것이라는 논지이다. 이 논리는 서구의 기독교적인 '자기희생과 봉사'
개념을 홍익인간에 접목시키고 있다는 점에서 주목되는 것이기도 하
다. 미국인들은 홍익인간의 뜻에 대한 아무런 지식도 가지고 있지 않
았고 별로 관심도 가지고 있지 않으면서 이 말을 「Maximum Service
to Humanity」로 번역했다.[9]
　　사실 조선교육심의회에서 나온 '홍익인간' 개념의 제안자에 대해
서는 몇가지 학설이 존재한다. 이념 자체는 대한민국 임시정부 때부
터 표방되어 온 것이긴 하지만 조선교육심의회에서 제기되고 채택되
기까지는 해명되어야 할 부분이 있기 때문이다. 우선 앞 자료에 보이
듯이 白樂濬이 그 당사자라고 보는 입장이다. 백낙준은 위에서도 우
연히 이 말이 생각난 것처럼 말하고 있어서 주창자가 아닐 수도 있다

8　안호상, 「민주교육철학론」, 『조선교육(1)』, 1946, 30~33쪽.
9　鄭泰秀, 『광복 3년 교육법제사』, 서울 : 예지각, 1995, 147~148쪽.

는 주장이다.

또 하나는 제안자로 알려진 안재홍 설이다. 안재홍은 제안설명을 했다는 점에서 그 실질적 제안자가 아니라고 볼 수도 있다. 鄭泰秀는 그런 점에서 鄭寅普 제창설을 주장하고 있다.[10] 그는 정인보가 漢學을 한 국학자이며 그의 저서인 『朝鮮史 研究』에서 홍익인간과 관련된 기술이 있다는 점을 근거로 들고 있다.

이 설은 상당한 타당성을 갖고 있으나 실질적인 최초 제안자를 확인하기에는 현실적으로 어렵다. 다만 정인보와 안재홍은 민족주의적 성향이 강한 인물들이었으며 이들의 발의와 합의하에 제출되었을 가능성이 크며 여기에 대해서는 백낙준과 같은 기독교 계통의 인사가 이를 지지함으로써 채택될 수 있었을 것이다. 얼핏 弘益人間이란 민족주의적 이념 및 기독교 이념과 상치될 것 같지만 앞서 안호상의 논리대로 두 개념은 결합될 수 있는 여지가 있었다.

또한 白樂濬과 鄭寅普는 일제하에 延禧專門에서 같은 시기에 교편을 잡았던 관계를 고려할 필요가 있다. 이런 관계에서 백낙준은 정인보 등의 민족주의 계열의 교육이념에 찬동했을 것이다.

결론적으로 홍익인간 교육이념은 첫째로, 우리의 고유사상에 근거를 두고 교육의 기본요소를 민족의식에 두었다는 것이며 둘째는, 홍익인간 사상이 현대의 휴머니즘·박애주의·민본주의적인 사상을 담고 있다는 점에서 어느 정도 현대 감각에 부합하고 있다. 이는 민주주의 국가 건설에 필요한 교육이념이 함축되어 있으며, 동시에 민주국민으로서의 자질을 함양하면서 민족의식과 주체성을 함께 교육하

---

10 鄭泰秀, 위의 책, 1995, 150~151쪽.

려는 민주주의 교육이념이 내포되어 있다.

당시 정책 집행의 주체였던 미군정은 민족주의적인 '홍익인간'의 이념의 실현을 추구하려고 하지는 않았다. 미군정은 첫째로는 국제정치의 역학관계 속에서 미국의 국익을 우선한다는 원칙, 둘째로는 그 원칙에 부합되는 교육정책과 목적을 수립하고 설정하는 것, 셋째로는 그러한 원칙하에 한국의 교육이 민족의 자주성이나 독립성보다는 민주주의의 실현을 우선해야 하며 이를 위해서 일본식 교육 대신에 미국식 교육방법과 이론을 한국 교육에 도입하여 정착시키려는 것을 목표로 하였던 것이다.[11] 이는 한반도를 동아시아의 역학 관계 속에서 반공의 보루로 만들려는 목적을 드러내 보이고 있다.

2. 새교육 운동

미군정은 민주적이고 미국식 교육방법을 실현하기 위한 방법의 하나로 이른바 새교육운동을 전개하였다.

오천석은 미군정 하에서 교육정책과 행정에 큰 영향력을 행사했던 인물이었는데 이 새교육운동의 이론적인 소개자이기도 했다. 이 새교육운동은 미국의 실용주의자인 듀이(J. Dewey)의 교육사상을 실천하려는 것이었다. 오천석은 1946년 11월에 낸 『민주주의 교육의 건설』

---

11 김인회, 「교육목적관의 변천과정」, 『한국신교육의 발전연구』, 서울 : 한국정신문화연구원, 1984, 101쪽.

이라는 책을 통해 듀이의 교육사상을 소개하였다. 물론 듀이의 교육사상이 이 시기에 처음 소개된 것은 아니었다. 이미 1920년대 이 사상은 일부가 소개되었는데 1919년 한국을 찾아온 선교사 휫쉬(J. E. Fisher)가 연희전문학교 교수로 있으면서 자신의 저서인『한국의 민주주의와 선교교육(Democracy and Mission Education in Korea, 1928)』에서 배우는 사람의 개성 존중, 배우는 사람의 능력 존중, 가르침과 배움의 자유 확립, 그리고 미래를 위한 준비로서 교육을 주장하였다.[12]

듀이의 교육철학은 실용주의에 입각하여 아동·학생 중심적인 진보주의적 이론으로 모든 아동·학생들에게 자연적으로 발달할 수 있는 자유를 주고 교육은 활동적이어야 하며 또한 아동·학생의 흥미와 관련되어 있어야 하며 교육은 생활을 준비하기 위한 것이라기보다는 오히려 그 자체가 되어야 하며 교육과정은 아동·학생의 경험을 토대로 하는 것이어야 하며 교사의 역할은 아동·학생을 감독하는 것이 아니라 충고하는 것이며 교육은 어디까지나 민주적으로 운영되어야 한다는 것이다.[13]

진보주의 이념은 주로 초등교육이나 중등교육에 유용한 이념이지만, 고등교육에서도 연장선상에서 적용되었을 것으로 보아야 한다. 특히 교육이 계속적인 성장의 과정이란 의미는 학교 교육으로만 끝나는 것이 아니라 일반사회인들의 계속적인 교육을 주장하는 것이므로 성인교육에 적용될 수 있는 이념이었다. 아울러 민주주의 이념의 강

---

12 손인수, 위의 책, 1992, 316쪽.
13 손인수, 앞의 책, 1992, 327쪽.

조는 일제나 소련의 공산주의적인 획일적 교육에 대비되는 중요한 것이었다.

따라서 위 이념은 일제의 황국신민 교육이념을 대신하여 새로운 교육을 추구하는 새교육운동의 원리가 되었다. 이 새교육의 특색은 기존의 교사 중심이나 교과 중심의 학교로부터 전환을 지향하여 개개인의 아동을 중심으로 한 개인주의에 입각한 교육과정을 추구한다는 점에 있었다.

오천석은 당시 새교육 운동의 주창자로서 그 기본정신을 다음과 같이 설명하였다.

첫째, 우리는 전통적 교육의 계급주의 · 차별주의를 배격하였다. 일본이 우리 땅에 남기고 간 봉건사상의 잔재인 교육제도의 전반을 지배한 것은 지배자와 피지배자를 차별하는 계급사상이었다. 다스리는 사람이 따로 있고, 다스림을 받는 사람이 따로 있는 독재국가에 있어서는 이러한 차별교육이 필요하였지만은, 민주사회의 건설을 지향하는 우리에 있어서는 절대로 용납할 수 없는 사상이었다. 그러므로 우리는 이와 같은 봉건사회의 잔재를 배격하고, 민주주의 정신에 터를 둔 새로운 교육제도를 후원하였던 것이다.

둘째, 우리는 인간을 도구화하는 것으로 목적을 삼는 교육에 반항한 것이다. 일제시대의 교육은 일본의 충량한 臣民을 만드는 데 그 목표가 있었다. 그들은 교육을 통하여 일본의 목적을 도달하는 데 쓰일 연장을 만들려고 한 것이다. 교육은 어디까지나 사람 자신을 최상의 가치로 삼아 행해지는 것이 되지 않으면 안된다. 그리하여 우리는 사람을 수단화하려는 교육을 배척하고 사람 자체를위한 교육을 제일주의적 목적으로하는 교육을 제창했던 것이다.

셋째, 우리는 옛 교육의 특색인 억압주의적 교육에 반기를 들고 자유에 기반을 둔 교육을 기도한 것이다. 복종자의 교육이 아니라 (자유인)의 교육을 원한 것이다.

넷째, 우리는 모든 어린이들을 오뚝이 모양으로 똑같이 다루는 획일주의적 교육을 거부하고 각 사람의 개인차를 인정하고 그 개성을 살려 북돋는 교육을 내세웠던 것이다. 우리가 원하였던 것은 개인의 권리가 중요시되고, 그의 개인적 능력·성격·취미·희망 등이 존중되는 교육방식이었다.

다섯째, 우리는 사람 전체의 발달 향상을 목표로 하는 현실과 따뜻한 교섭을 갖는 산교육을 지향하였던 것이다.[14)]

오천석의 논의는 민주주의 교육이념의 이상을 잘 보여준다고 하겠다. 그에 따라 일제 강점기하의 획일적 교육은 부정되고 미국식 교육방법의 도입이 역설되었던 것이다. 이 이념은 이후 한국사회에서도 교육적 이상으로 제시되었다. 이것이 해방 직후 교육현실에서 실현되기에는 많은 문제에 직면해야 했던 것이다. 더구나 지금까지 일제의 교육방식과 이념으로 교육되어 온 많은 교사들이 하루아침에 미국식 이념으로 교육을 바꾼다는 것은 어려운 일이었다.

한편 대학에서도 이 새교육 이념이 소개되고 있었다. 원래 오천석은 미국 콜롬비아 대학에서 듀이의 강의를 직접 수강한 인물이었으며 그 외에도 장이욱·김홍제·조병옥 등이 수강자로 포함된다. 그리고 듀이의 제자이고 해설자인 킬패트릭(W. H. Kilpatrick)의 강의를 수강한 사람은 김활란·서은숙·장석영·윤성순·노재명 등이 있었다.[15)]

---

14 오천석, 『민주교육을 지향하여』, 서울 : 을유문화사, 1960, 54~55쪽.

15 오천석, 「듀이 교육사상과 한국의 교육상」, 『새교육』 7권 2호, 1955.

그 중에서도 김활란의 경우는 앞 장에서 보았듯이 한국교육위원회와 조선교육심의회 등에서 한국교육의 기본방향을 설정할 때 큰 역할을 하였으며, 이화여대의 총장으로 여성교육계의 중심인물이었다. 또한 장이욱은 서울대학교 총장으로 활약하였고 노재명의 경우는 연희대학교에서 듀이의 진보주의 교육사상을 강의 했었다. 이처럼 대학에서도 듀이의 교육이념은 크게 전파될 수 있는 조건들을 가지고 있었다.

이와 같은 미국의 교육이념이 크게 적용된 것은 사범대학에서 교원양성을 위한 교육과정에서였다. 초등 및 중등교육과정을 담당하고 있는 교원들이 미국식 교육이념을 실천해야 하는 주체였기 때문이었다. 미군정 학무국의 편수과는 새교육 이념과 실천적 원리를 교과서에 담으려고 노력하였다. 그 결과 과거에 일제 군국주의적 이념을 반영한 수신과목을 없애고 이를 수신·역사·지리 등과 합하여 사회생활과로 전환시켰다. 이를 통해 이른바 전인주의적 교육으로 방향을 바꾸려 했다는 것이다.[16] 이 전환은 미군정청 학무국이 1946년 2월 21일 「교수 요목 제정위원회」(위원장 李崇寧)를 조직하여 신학제가 실시되는 1946년 9월 학기에 대비하기 위한 것에서 출발되었다. 그 결과 동년 12월 7일에 「초등학교 사회생활과 교수 요목」이 가장 먼저 제정되었다. 이는 사회과목이 다른 무엇보다 민주주의 이념의 보급에 우선되는 과목이며 일본의 수신과 같은 군국주의적 이념을 담고 있는 과목을 없애는 것에 직결되기 때문이다.

해방 직후 사범학교 교육과정에서는 윤리 및 철학, 교육 및 심리학,

---

16 김동구, 『미군정기의 교육』, 문음사, 1995, 108쪽.

국어, 역사·지리, 법률·경제, 수학, 과학, 음악, 미술·공작, 체육보건, 실업, 생활·훈련으로 정해져 있었으나 다음과 같이 바뀌었다. 변경된 과목은 국어, 사회생활, 과학, 수학, 체육보건, 외국어교육, 실업, 미술공예, 음악 등이다. 여기서 알 수 있듯이 과목의 변경은 초등이나 고등교육에서의 과목 규정과 발맞춘 것이며 아울러 미국적 이념에 걸맞는 과목의 설정에 있었을 것이다. 특히 이전과 달라진 것은 앞서 말한 사회생활로의 통합과 함께 외국어 과목의 추가였는데 이는 대개가 영어를 중심으로 하였다.

제6장
專門人 育成을 위한
大學別 敎科課程의 特性

1. 국립대학

서울대학교는 창립 후 운영된 교과 과정이 일제 강점기의 교육과 달라진 대표적 변화는 학년제에서 학점제로 전환한 것과 일반 교양 과목을 필수 과목으로 둔 것이다.

일제 강점기 전문학교와 대학은 1년 단위의 학년제를 채택하여, 수업을 듣고 시험에 낙제하지 않으면 상급 학년으로 진급할 수 있었다. 이에 비해 학점제는 재학 4년간 졸업에 필요한 180점을 취득해야 졸업이 가능한 제도로서, 교수 학습량을 시간 단위로 측정하고, 수강 과목을 학생의 관심과 발달 정도에 따라 선택할 수 있다는 특성이 있었다. 학점제 시행에 따라 학년 구분도 학점의 취득 양에 따라 구분하였다. 즉, 33학점까지 취득한 자는 1학년, 34~77학점은 2학년, 78~123학점은 3학년, 124학점 이상은 4학년으로 하였다. 실제 서울대학교에서 시행된 학점제는 종전의 학년제를 바탕으로 주간 배당 시간 수만을 학점 수로 고치는 정도에 그친 일종의 '학년 학점제'와 같은 것이었다. 1학점은 1주일에 1시간씩 한 학기 수업을 받고 소정의 시험에 합격할 경우 취득할 수 있었는데 체육의 경우에만 2시간씩이었고 실험, 실습, 실기는 해당 학장이나 교무처장이 이를 정할 수 있었다. 4년 간 180학점을 취득할 수 있도록 매 학기당 23학점을 이수하게 하였고, 교무처장이나 학장의 승인이 있을 경우 17학점 미만이나 28학점 이상도 취득할 수 있었다. 단, 그럴 경우 전 학기 성적이 B 이상이어야 했다.[1]

교과목은 필수과목, 전공과목, 선택과목으로 분류하였다. 전공과목과 선택과목은 일제 식민지기에도 같은 명칭이 있었지만 필수과목은 해방 후 서울대학교 교육의 새로운 특징이었다. 필수과목이란 그 내용을 보면 실상은 뒷날의 일반 교양과목을 지칭하는 말이었다. 이렇듯 일반 교양과목을 필수로 하여 교양 교육을 강화하려 한 것은 일제 식민지기에는 없던 것으로 미국 대학 교육의 영향을 강하게 받은 것이었다. 일제 식민지기에는 예과를 두어 지식인으로서 필요한 기본 지식과 교양은 예과에서 쌓도록 하고 대학의 학부에서는 전공과목만 이수하도록 하였다. 이들 조처는 결국 대학 수준을 높은 교양 교육의 장으로 할 것인지 아니면 전문 교육의 장으로 할 것인지, 전문 교육의 장으로 하더라도 이를 통해 길러 내고자 하는 인간상을 어떻게 설정할 것인가와 같은 중대한 교육학적 문제와 관련이 있었다.[2]

졸업에 필요한 학점을 모두 180학점(졸업논문 4~6학점 포함)으로

---

1 서울대학교, 『서울대학교 60년사』, 2006, 480쪽.
2 서울대학교, 위의 책, 2006, 480~481쪽.

규정하였는데 이는 당시 구미대학들의 120학점보다 훨씬 많은 학점이었다. 교수요원의 부족, 도서관 및 실험실습 시설이 부족한 상황에서 180학점을 위한 무리한 강좌의 개설은 문제점을 가지고 있었다.

이러한 가운데 서울대학교는 교과목을 필수과목, 전공과목, 선택과목으로 편성하였다. 필수과목은 교양필수과목을 말하는 것으로 이는 전공학문의 편협된 수학을 지양하고 인간생활을 풍부하게 하며 지도자적 인격을 도야하고 사회가 요구하는 폭넓은 교양과 학식을 겸비한 지성인을 양성하기 위해서 개설되었다.

1948년 당시 학칙에 의해 규정된 필수과목과 학점은 아래와 같았다.[3]

- 국어 및 국문학 : 8학점
- 외국어 및 외국 문학 : 8학점
- 자연 과학 개론 혹은 자연 과학 계통의 학과 : 4학점(문과의 경우)
- 문화사, 혹은 국어 및 국문학, 외국어 및 외국 문학을 제외한 문과 계통의 학과 : 4학점(이과의 경우)
- 체육 : 8학점

이들 필수과목을 1학년 때에 취득하게 하고 그 교육은 문리과대학에 위탁하였다.

교양과목의 특징은 국어, 외국어와 같은 어학이 큰 비중을 차지하고 있으며 체육과목이 또한 상당한 비중을 차지하고 있다. 체육에 관해서는 미국 교육 정보조사단이 제출한 「대한국 교육 및 정보조사단

---

3 서울대학교, 앞의 책, 2006, 481쪽.

보고서」와 대비해 볼 필요가 있다.

> ① 한국의 체조 교육은 미용체조와 교련으로 이루어진다. 그러나 청년
> 들은 게임과 스포츠에 전통적으로 넓은 관심을 가지고 있다.
> ② 조사단은 조직적인 게임과 놀이는 민주적 생활 방법의 가장 중요한
> 공정하고 단체적인 행위 교육에 유망한 수단이라고 믿고 있다.[4]

라고 되어 있다. 특히 ②의 내용으로 볼 때 그 교육적 효과를 위해서
대학교에서까지 8학점 이상을 수강토록 한 것이 아닌가 한다.

　전공과목은 입학 당시 해당 단과대학장과 교무처장의 허가로 정하
게 되어 있었다. 주전공과목은 최소한 60학점, 부전공과목은 25학점
이상을 취득 하도록 하였다. 한편 선택과목은 가능한 풍부하게 개설
되어 학생들의 의사에 따른 선택의 기회를 주는 것이 원칙이었으나
초창기엔 전공과목을 중시한 나머지 선택과목으로 취득할 수 있는 학
점 수가 극히 제한되었고 선택 과목의 종류 또한 매우 적었다. 특히
초창기 교수 인력과 강의실 부족 실습 기자재의 부족 등은 선택과목
개설을 더욱 어렵게 하였다.

　성적 평가는 ① 출석, ② 매 학기 3회 이상의 중간시험, ③ 학기시
험, ④ 기타 교수의 숙제 등을 기준으로 하였는데 이 중 학기시험 성
적은 전 학기 성적의 3분의 1 이상을 초과하지 못하도록 규정하였다.
성적은 A, B, C, D, E, F로 표시되었고 1947년까지는 W라는 기호도
쓰였는데 이는 '취소'라고 칭했으며 F 밑에 해당하였다.[5]

---

4 鄭泰秀, 앞의 책, 1995, 446쪽.
5 서울대학교, 앞의 책, 2006, 481쪽.

졸업을 하려면 8회 이상 등록을 하고 재학 중 180학점 이상을 취득하되 평균 C 이상이어야 했다. 당시 구미 각 대학의 졸업 학점이 보통 120학점인 것에 비교하면 졸업 학점 180점은 상당히 많은 편이었다. 하지만 당시 도서관과 실험 실습실 등 공부에 필요한 시설을 제대로 갖추지 못하였다는 이유로 이렇게 정하였다.[6]

부산수산대학은 수산계통의 학교이므로 교과운영도 달랐다. 어로과, 제조과, 증식과의 3과로 특성에 따른 과목의 개설이었다. 3과 모두 영어, 수학(대수학, 미적), 무기화학 등이 공통과목으로 들어 있었다. 특히 영어 과목은 일제강점 하에서는 어려운 일이었을 것이나 해방 이후 외국어 교육의 강조로 인한 개설로 생각된다. 이후로는 국문학이나 독일어, 경제학 등이 추가되기도 하였다. 어로과에는 기상, 해양학, 물리학, 어로학을 넣었고, 제조과에는 수산상품학, 유기화학, 製鹽, 기상, 세균, 물리학, 魚粉, 냉동 등이, 증식과에는 해양학, 수산동물학, 유기화학, 기상, 세균, 조직발생학, 물리학 등이 들어 있었다. 아울러 세 과 모두 실습시간이 따로 설정되어 있어 학문의 실용성을 꾀하고 있다.

이들 교과 과정의 특징으로 선택 과목이 없이 모두 필수이며, 다른 학교와 달리 학점제를 채용하고 있지 않았다는 것이다. 교양과목의 비중이 작고 전공과목의 비중이 높은 점도 하나의 특징이라 하겠다.

한편 실험이나 실습은 개설되어 있었으나 일제 강점기보다는 비중이 작았다. 특히 실습선을 이용한 승선실습은 1947년에 실습선이 입수되면서 다시 시작되었다.[7] 이 실습선의 이름은 幸漁號였고 부산시

---

6 서울대학교, 앞의 책, 2006, 481쪽.

로부터 인수한 것이다. 그것은 1艘引(외끌이)機船 저인망어선으로 건조된 목선이었는데 총톤수 64톤, 디젤 105마력의 소형배였다. 이 배는 30년 가까운 노후선 이었지만 당시 어선 기근 현상으로 인해 최대한 활용할 수밖에 없었다고 한다.

1947년 실시한 실습으로 수산물리학과는 巾着網 어업과 權現網 어업의 실습, 수산화학과는 통조림제조, 냉동, 제염을 수산생물학과는 진해양어장에서의 담수 양식, 발생, 유전학에 대한 실습을 하였다. 그 밖에 기초실습은 제1학년 당시에 수영·조정 등의 해양훈련을 실시하였다. 부산수산대는 이와 같이 교과운영을 수행했는데, 역시 실습교육의 중요성에도 불구하고 여러 여건상 어려움을 겪어야 했었다. 국립 서울대학교와 다르게 수산대학의 특성 때문에 교양과목이 거의 없었다는 점도 유의해야 할 점이다.

한편 당시 문교부는 교수의 수업과 근무관계를 규정하여 강의의 내실을 꾀하려고 하였으며 그 규정을 살펴보면 다음과 같다.[8]

① 전임교수는 주당 44시간 근무제이지만 수업시간은 9~12시간 뿐이고 그 이외에 학생면담을 위해 9~12시간을 연구실에 체재해야 하며, 기타 시간에는 수업준비에 필요한 활동을 자유로이 할 수 있다.
② 동일강의를 2회 이상 반복할 경우 제2회 이상의 강의는 1시간을 반시간으로 계산하고 또 준비를 요하지 않는 수업이나 실험 같은 것도 역시 1시간을 반시간으로 계산한다.
③ 보직교수에게는 책임시수를 감소해 주고 또 책임시수를 초과하여

7 부산수산대학, 『부산수산대학교 50년사』, 1991, 125쪽.
8 부산대학교, 『부산대학교 오십년사』, 1997, 32쪽.

담당한 강의에 대하여는 수당을 급여한다.

④ 교수의 타교출강이나 교외활동은 허가를 얻어야 한다.

⑤ 총장은 교수회의 결의에 구속을 받지 아니하고, 대학의 최고 행정권
은 대학이사회가 가진다.

⑥ 교수회는 전임강사 이상으로 구성한다.

이와 같은 규정을 통해 문교부는 체제의 혼란 속에서 부실화할 가
능성이 있는 강의의 충실화를 도모하려고 하였으나, 짧은 시간에 혼
란을 극복하기란 쉬운 일은 아니었다. 부산대학의 사례는 이를 잘 보
여주고 있다.[9]

이러한 열악한 고등교육 여건의 개혁을 위하여 미군정하에서 고등
교육 개혁의 1호라고 할 수 있는 입법결의안이 1947년 3월 14일 남조
선과도입법회의에서 제정되었다.[10]

---

9 즉 부산대학교의 당시 교수진은 경성대학이나 미국대학 출신자는 별로 없었고
주로 일본대학 출신이 많았다고 한다. 그래서 강의 내용과 표현방식은 일본 색
채가 농후했고, 심지어는 어려운 학술용어를 일본말로 해설하는 일이 허다했다
는 것이다. 예컨대 사회과학 분야에서 Sollen과 Sein을 설명하면서 적절한 한국
말이 생각나지 않아서 한참 동안 일본말로 강의를 하는가 하면, 어느 경제학교
수는 '剩餘價値'를 '승여가치'라 하고 '除外'를 '서외'라고 발음하기도 했다.
어느 생물학 교수는 '裸體'를 '과체'라 발음했고, 또 어느 영어를 담당한 교수
는 일본말이 아니면 강의가 순조롭게 진행되지 못할 지경이었다고 한다. 반면
에 해방 후 미군정 아래에서 대학의 사회과학 연구방향은 강단 사회주의 쪽으
로 흘러가기도 하였다. 그래서 많은 교수가 그런 분야의 일본서적을 그대로 직
역하여 교안에 반영하는가 하면, 심지어 어느 교수는 경제원론 시간을 송두리
째 마르크스 자본론을 해설하는데 활용하기도 했다는 것이다. 이런 사례들이
해방 직후 대학강의의 실상을 보여주는 단면들이다(『부산대학교오십년사』,
1997, 32~33쪽).

입법 결의안

서기 1947년 3월 14일 남조선 과도 입법의원 제31차 회의에서

　　1. 대학운영과 학문 연구에 있어서 학장 및 교수의 건설적 의견을 십분 고려할 것
　　2. 학장과 교수의 보수를 근본적으로 개선할 것
　　3. 교수의 개정과 교수단의 양성 방법을 급히 준비할 것
　　　(1) 유능한 교수 및 강사 초빙
　　　(2) 외국인 교수 및 강사 초빙
　　　(3) 교수 및 학생의 외국 유학 파견
　　4. 교수, 교직원 및 학생들의 후생시설을 개선할 것
　　　(1) 생활 필수품 우선 배급
　　　(2) 주택 및 기숙사 설비 개선
　　　(3) 교통 및 점심의 경편 급여
　　5. 실험 연구실 설비, 도서관 확충, 교구 정비를 단행할 것
　　6. 예산액의 자금 융통을 원활하게 하고 그 예산의 실시에 있어서 각 분과 대학의 독자성을 숙고할 것
　　7. 사상적 또는 정치적 책동으로 학교 내에 혼란과 파괴를 초래하는 분자를 철저히 숙청할 것
　　8. 교수가 교직원으로서 외부 선동자와 협동하여 맹휴와 분규를 선동 또는 조장하는 자를 교육계에서 추방할 것을 결의함

　근본적인 교육여건 부실로 인하여 미군정하의 대학들이 많은 교과 과정을 효율적으로 수용하기에는 한계가 있었고 이는 오랜 기간 동안

---

10 『미군정법령집』, 586쪽.

한국 대학들이 해결해야 할 과제로 남아 있었다.

2. 사립대학

사립대학의 교과과정은 당시 미군정청의 대학령에 의거하여 작성
되었다. 연희대학교의 사례를 먼저 살펴보면 우선 180학점을 이수하
도록 하였고, 역시 필수 · 전공 · 선택과목으로 나뉘었다. 필수과목은
30학점(국어 8, 문화사 4, 자연과학 4, 체육 8, 종교 6)이고 전공과목은
60학점, 선택과목은 90학점으로 규정하였다.[11]

이를 국립 서울대학교와 비교해보면 대체로 비슷하지만 차이도 있
다. 우선 필수과목의 경우에 연희대학교는 종교계 학교인 점을 감안
하여 종교과목 6학점이 배정되어 있었다. 그리고 외국어 과목이 필수
과목으로 따로 되어 있지 않았다. 단 체육의 비중이 서울대학교와 똑
같이 8학점으로 높은 점은 상호 공통점이라고 할 수 있다. 아울러 연
희대학교에서는 부전공에 대한 규정이 없었다. 연희대학교의 교과목
설치를 몇 개 학과만 살펴보면 〈표 13〉과 같다.

〈표 13〉에 열거된 학과들의 교과과정을 비교해 보면 몇 가지 특징
을 알 수 있다. 첫째, 국문과의 경우에는 국어학과 국문학을 같이 병
행하는 점은 현재와 같다. 그런데 조선사상사, 조선문물제도사와 같
은 과목은 사학과 과목이었으나 일제하에서 국문학 연구의 미진 등으

---

11 연세대학교, 『연세대학교 100년사』(연세통사 상), 1985, 344쪽.

로 인하여 국문학사 연구를 보완하기 위한 연계과정으로 개설된 것으로 이해되며, 新聞學과 음악의 개설은 현대적 의미의 교과과정 개설임을 보여주고 있다.

〈표 13〉 연희대학교 학과별 개설교과목 내역(1946년 8월 이후)

학과명	개설과목
국문과	고등국어입문(4), 한문(6), 작문(4), 창작법(4), 수사학(3), 국문법(4), 국어학개론(4), 조선문자사(3), 국어변천사(3), 국어학사(6), 국문학사(6), 국문학통론(6), 중국문학사(6), 조선문물제도사(3), 조선사상사(3), 비교문학(6), 국어학특수강의(3), 국어국문학독연습(2), 고등한문(3), 신문학(6), 음악(4)
사학과	문화사(3), 사학개론(3), 조선상고사(3), 조선중세사(3), 조선최근세사(3), 조선특수사(6), 금석문연구(3), 동양상고사(3), 동양중고사(3), 동양근세사(3), 동양최근세사(3), 동양특수사(6), 서양상고사(3), 서양근세사(3), 서양최근세사(3), 서양특수사(6), 고고학(6), 인류학(6), 국제관계사(6), 동서문화교류사(6), 지리학개론(6)
정치외교학과	법학통론(3), 정치학(6), 비교정치학(6), 정치사(6), 조선정치사(6), 정치학사(6), 정치철학(6), 지방자치론(3), 행정법(6), 비교헌법(3), 민법(6), 국제공법(6), 국제사법(6), 형법(6), 소송법(6), 외교사(6), 조선외교사(3), 식민사(3), 식민정책(3), 영사론(3), 최근정치사정(3), 사회정책(3), 비교제도론(3)

* 자료출처 : 『연세대학교 50년사』
* ( )는 학점수임

둘째, 사학과의 경우에는 일본의 연구경향을 그대로 반영하고 있었다. 그 대표적인 경우는 우선 시대구분에 있어서 상고사, 중고사, 근세사, 최근세사 등으로 나누는 인식에 기초한 과목 설정을 들 수 있다. 또한 당시 역사와 지리학 등이 묶여져 연구되고 있는 경향 역시 그대로 과목에 반영되어 있다. 그리고 구미의 영향을 받은 일본적인 경향에 의해 문화교류사나 국제관계사 등의 비중이 상당히 높았다.

셋째, 정치외교학과는 나름대로 교과목의 특성은 드러나고 있지만 법학과와 거의 구별이 되지 않을 정도로 법학계열 과목의 비중이 높다는 점이다. 상당수의 법학과목이 개설되어 있고 정치학과 관련해서는 철학, 역사 등의 이름으로 되어 있는 것도 많은 편이다. 이 점 역시 법학과 정치학을 상호 깊게 연관시키는 독일적인 학문경향을 이어받은 일본의 영향 때문이다.

특이한 점은 식민사와 정책에 관련된 과목이 개설되어 있어 당시 식민지를 경험했던 국가의 특징으로 20세기 제국주의 시대를 경험한 학문적 산물로 생각된다. 그리고 정치외교학과에서도 학과의 특성상 외국과의 비교와 관련된 과목이 비중을 차지하고 있다. 또한 연희대학교는 기독교계통의 학교답게 '기독교문학' 이 8학점 배치되어 있는 점이 특징이다.

대표적인 여성교육 기관인 이화여자대학교의 교과과정은 문교부 규정에 따라 총학점수는 180학점으로 규정되었고, 매학기당 23학점(28학점까지)을 취득하도록 되어 있었다. 당시 이화여대 학적부를 보면 대부분의 학생들은 총 190 내지 220학점까지 취득하고 있었다.[12]

1946학년도 첫 학기에 9개 학과 1학년이 이수한 공통교양과 전공과목은 〈표 14〉와 같다.

---

12 이화여자대학교, 『이화100년사』, 1994, 311쪽.

〈표 14〉 이화여자대학교 학과별 개설 교과목 내역(1946년)

학과명	개설과목
공통교양	국어, 국사, 영어, 윤리학, 음악, 체육, 영문법
문과	영어회화, 한문, 서양사, 논리학, 심리학, 철학개론, 철학사
가정과	아동학, 경제원론, 물리, 화학, 의류정리, 수예, 재봉, 조리, 서도
교육과	아동교육과 : 한문, 논리학, 심리학, 교육학개론, 간호학, 도화, 위생학, 음악이론, 유희
음악과	음악사, 화성학, 청음, 시창, 합창, 동양음악, 피아노, 성악, 바이올린
의예과	수학, 독일어, 물리, 화학, 생물
약학과	독일어, 수학, 물리, 화학, 생리학
미술과	동양미술사, 도안, 서예, 불어, 해부학, 재봉, 동양화, 서양화, 자수, 편물, 조화
체육과	한문, 심리학, 생리학, 위생학, 경제, 체육원리, 체육사, 유희, 도수체조, 기계체조, 경기, 기악

* 자료출처 : 『이화 100년사』

  이상에서 살펴본 것처럼 공통교양과목에서는 서울대학교나 연희대학교와 달리 국사, 음악 같은 과목이 들어 있었다. 그리고 영어는 문법까지 들어 있어 영어에 상당히 비중을 둔 느낌이다. 가정과의 경우에는 서도까지 가르치고 있으며 미술과의 경우에는 불어가 채택되어 있어 유럽미술에 대한 지향을 보여주고 있다. 대체적으로 이화여대의 1학년 교양과목은 상당히 다양한 편이라고 할 수 있다. 그리고 2학기부터 이화여대는 기독교문학, 제2외국어, 자연과학개론 등이 필수교양과목으로 개설되었다.

  이러한 교과과정은 해마다 새로운 학과가 증설됨에 따라 재편성되어 갔고, 1948년에 처음으로 4학년까지의 전 과정이 편성되기에 이른다. 1948년 교과과정에 의하면 교양과목은 총 54~56학점(국어 8, 문화사 4, 자연과학개론 8, 기독교문학 8, 영어 24, 국사 4, 철학개론 4)

이 된다. 그리고 전공과목은 80학점 이상, 선택과목은 30학점 이상을 취득하도록 되었다.[13]

이상과 같은 교과과목은 특징은 대체로 교양과목의 비중이 매우 높았다. 영어과목이 24학점이 되어 매우 높은 비중을 차지하고 있는 점도 타 학교와 많은 차이를 지닌 점이다. 이는 미국 기독교계의 지원을 받고 있는 대학의 특성과 미군정이라는 시대적 조류에 의해 교과과정이 편성되었음을 보여주는 것이라 하겠다.

고려대학교의 교과과정은 졸업에 필요한 학점은 180학점 이상이며, 교양과목, 전공과목, 선택과목을 구분하였다. 교양과목은 30~40학점, 전공과목은 80학점 이상, 선택과목은 60학점 이내로 정하였다.[14] 따라서 이화여자대학에 비해서는 교양이 적은 대신에 선택과목의 폭이 넓은 편이며, 연희대학교와 비교해서는 선택과목이 적었다.

고려대학교의 경우에는 각 학과마다 이수해야 할 학점이 정해져 있었는데 정치학과 184학점, 법률학과 184학점, 경제학과 184학점, 상학과 184학점, 국문학과 192학점, 영문학과 185학점, 철학과 180학점, 사학과는 188학점으로 되어 있었으며 실제 과목을 살펴보면 다음 〈표 15〉와 같다.

---

13 이화여자대학교, 위의 책, 1994, 312~313쪽.
14 고려대학교, 『고려대학교 구십년지』, 1995, 305쪽

〈표 15〉 고려대학교 학과별 개설 교과목 내역(1946년)

학과명	학점	개설과목		
		학년	필수과목	선택과목
정치학과	184	1	국어(4), 국사(4), 서양사(4), 동양사(4), 논리학(4), 심리학(4), 자연과학개론(4), 제1외국어(12), 제2외국어(8), 체육(4)	
			52학점	
		2	국어(4), 헌법(4), 민법제1부(6), 국제법제1부(4), 정치학(4), 정치사(4), 경제원론(6), 철학개론(4), 문화사개론(4), 외국어정치학(4), 체육(4)	법학개론(4), 형법제1부(4), 사회학(4), 일반경제사(4), 논리학개론(4)
			48학점	4학점 이상
		3	형법제1부(4), 형법제2부(4), 국제법제2부(4), 외교사(4), 국가학(4), 재정학(6), 외국어정치학(4), 체육(4)	민법제2부(6), 상법제1부(6), 형법제2부(4), 정치사상사(4), 정치학연습(4), 조선사상사(4), 통계학(4), 조선경제사(4), 산업경제(4)
			34학점	12학점 이상
		4	정치학사(4), 국제정치론(4), 경제법(4), 경제정책(4), 사회정책(4), 외국어정치학(4), 체육(4)	민법제3부(4), 상법제2부(6), 국제사법(4), 법철학(4), 노동법(4), 조선정치사(4), 정치학특강(4), 계획경제론(4), 경제사상사(4), 경제학사(4), 국제경제론(4)
			28학점	14학점 이상
법률학과	184	1	국어(4), 국사(4), 서양사(4), 동양사(4), 논리학(4), 심리학(4), 자연과학개론(4), 제1외국어(12), 제2외국어(8), 체육(4)	
			52학점	
		2	국어(4), 법학개론(4), 형법(4), 민법제1부(6), 형법제1부(4), 국제법제1부(4), 경제원론(6), 철학개론(4), 문화사개론(4), 외국어법률학(4), 체육(4)	정치학(4), 사회학(4), 일반경제사(4), 논리학개론(4)
			48학점	4학점 이상

		3	행정법제1부(4), 민법제2부(6), 상업제1부(6), 민소제1부(4), 형법제2부(4), 형사소송법(4), 외국어법률학(4), 체육(4)	행정법제2부(4), 국제법제2부(4), 외국법(4), 국가학(4), 서양법제사(4), 법률학연습(4), 재정학(6), 경제정책(4), 조선사상사(4)
			36학점	12학점 이상
		4	민법제3부(4), 상법제2부(6), 경제법(4), 법철학(4), 외국어법률학(4), 체육(4)	민소제2부(4), 파산법(2), 국제사법(4), 노동법(4), 신탁법(4), 외국법(4), 형사정책(4), 조선법제사(4), 법률학연습(4), 법률학특강(4), 계획경제론(4), 사회정책(4)
			26학점	14학점 이상
경제학과	184	1	국어(4), 국사(4), 서양사(4), 동양사(4), 논리학(4), 심리학(4), 자연과학개론(4), 제1외국어(12), 제2외국어(8), 체육(4)	
			52학점	
		2	국어(4), 철학개론(4), 문화사개론(4), 경제원론(6), 일반경제사(4), 조선경제사(4), 통계학(4), 국제경제론(4), 제1외국어경제학(4), 민법(4), 체육(4)	경제지리(4), 회계학(4), 제2외국어경제학(4), 사회학(4), 헌법(4), 민법(2)
			46학점	8학점 이상
		3	재정학(6), 화폐론(4), 금융론(4), 산업경제론(4), 공업경제론(4), 제1외국어경제학(4), 상법(4), 체육(4)	원가계산(4), 제2외국어경제학(4), 경제학특수강의(4), 행정법(4), 상법(2), 정치학(4), 조선사상사(4), 국제공법(4), 연습(4)
			34학점	12학점 이상
		4	경제학사(4), 계획경제론(4), 농업경제론(4), 사회정책(4), 경제정책(4), 외국무역론(4), 체육(4)	경영경제학(4), 배급론(4), 교통경제론(4), 보험론(4), 경제사상사(4), 식민정책(4), 특수외국어경제학(4), 연습(4)
			28학점	12학점 이상
상학과	184	1	국어(4), 국사(4), 서양사(4), 동양사(4), 논리학(4), 심리학(4), 자연과학개론(4), 제1외국어(12), 제2외국어(8), 체육(4)	
			52학점	

		2	국어(4), 철학개론(4), 문화사개론(4), 경제원론(6), 상업개론(4), 통계학(4), 제1외국어상업학(4), 상업전기(4), 상업수학(8), 경제지리(4), 체육(4)	은행부기(4), 매매론(4), 일반경제사(4), 제2외국어상업학(4), 사회학, 형법(4), 민법(2)
			50학점	4학점 이상
		3	재정학(6), 상업사(4), 회계학(4), 상업영어(4), 제1외국어상업학(4), 화폐론(4), 금융론(4), 상업(4), 체육(4)	상업경제론(4), 공업경제론(4), 공업부기(4), 원가계산(4), 국제경제론(4), 조선경제사(4), 제2외국어상업학(4), 정치학(4), 조선사상사(4), 상법(2), 연습(4)
			38학점	8학점 이상
		4	경영경제론(4), 보험론(4), 경제정책(4), 공장경영론(4), 상품학(4), 외국무역론(4), 무역실무(4), 체육(4)	배급론(4), 창고론(4), 신탁론(4), 해상보험론(4), 국제금융론(4), 계획경제론(4), 농업경제론(8), 경제사상사(4), 교통경제론(8), 감사론(2), 특수외국어상업학(2), 국제공법(6), 연습(2)
			32학점	8학점 이상
국문학과	192	1	국어(4), 국사(4), 서양사(4), 동양사(4), 논리학(4), 심리학(4), 자연과학개론(4), 제1외국어(12), 제2외국어(8), 체육(4)	
			52학점	
		2	국어학개론(4), 국어학강독(4), 국문학개론(4), 국문학강독(4), 조선한문학사(4), 문화사개론(4), 문학개론(4), 언어학개론(4), 철학개론(4), 교육학개론(4), 중국문학사(4), 체육(4)	사회학, 종교학, 미학, 외국어
			48학점	4학점 이상
		3	국어학사(4), 국어학특강(3), 국문학사(4), 국문학특강(3), 국어학강독(4), 국문학강독(4), 조선한문학특강(4), 조선사상사(4), 조선문화사(4), 체육(4)	국사학, 법학개론, 경제원론, 영문학사개설
			38학점	4학점 이상

		4	국어학특강(4), 국어학강독(4), 국문학특강(4), 국문학특강(4), 국문학강독(4), 조선한문학강독(4), 중국철학사개설(4), 국사학(4), 중국문학개론(2), 체육(4)	조선법제사, 조선경제사, 조선미술사, 영문학사개설
			38학점	4학점 이상
영문 학과	185	1	국어(4), 국사(4), 서양사(4), 동양사(4), 논리학(4), 심리학(4), 자연과학개론(4), 제2외국어(8), 현대영문강독(8), 영작문문법 회화(4), 체육(4)	
			52학점	
		2	국어(4), 철학개론(4), 문화사개론(4), 문학개론(4), 언어학개론(4), 제2외국어(4), 영문학사개설(4), 영문학배경(4), 19세기산문(4), 19세기시(4), 영작문문법회화(4), 영석설화연습(2), 영문학어학연습(2), 체육(4)	국어학사(4), 국문학사(4), 조선 문화사(4), 영국사(2), 사회학(4), 경제원론(6), 법학개론(4)
			52학점	
		3	제2외국어(4), 셰익스피어(4), 18세기산문(4), 20세기시(2), 20세기산문(2), 19·20세기 미국산문(4), 19·20세기미국시(4), 영작문문법회화(4), 영어음성학(2), 중세기영어(2), 엉어설화연습(2), 영문학어학연습(2), 체육(4)	조선사상사(4), 지나철학사(4), 서양철학사(4), 논리학(4), 교육학(4), 나순어초보(4), 일반경제사(4), 국가학(4)
			40학점	
		4	셰익스피어(4), 중세기영문학(2), 16·17세기산문(2), 16·17세기 시·극(2), 시론·극론(2), 평론· 수필집(2), 소설론(2), 영어발달사(4), 영어설화연습(2), 영문학어학 연습(2), 체육(4)	조선한문학사(4), 지나문학사(4), 종교철학(4), 미학(4), 불문학사(4), 독문학사(4), 노문학사(4), 고전 문학사(4), 조선경제사(4), 경제 사상사(4), 정치사상사(4)
			30학점	

철학과	180	1	국어(4), 국사(4), 서양사(4), 동양사(4), 논리학(4), 심리학(4), 자연과학개론(4), 제1외국어(12), 제2외국어(8), 체육(4)	
			52학점	
		2	국어(4), 철학개론(4), 서양철학사(4), 중국철학사(4), 논리학(4), 문화사개론(4), 사회학(4), 제1외국어(10), 제2외국어(6), 체육(4)	
			48학점	
		3	서양철학특강(4), 서양철학사특강(6), 서양철학사연습(4), 윤리학특강(4), 윤리학특강(4), 미학(4), 종교철학(4), 조선사상사(4), 체육(4)	- 서양철학전공 교육학(4), 법학개론(4), 법철학(4), 정치학(4), 정치사상사(4), 경제원론(6), 조선문화사(4), 중국문화사(4), 문학개론(4), 중국철학사특강(4)
			38학점	(20학점 이상)
		4	서양철학특강(4), 서양철학연습(4), 서양철학사특강(6), 서양철학사연습(4), 인도불교철학(4), 윤리학연습(4), 체육(4)	- 동양철학전공 교육학(4), 종교철학(4), 미학(4), 국사학(4), 조선한문학사(4), 정치학(4), 조선문화사(4), 정치사상사(4), 경제원론(6), 법철학(4), 법학개론(4), 문학개론(4)
			30학점	(20학점 이상)
사학과	188	1	국어(4), 국사(4), 서양사(4), 동양사(4), 윤리학(4), 심리학(4), 자연과학개론(4), 제1외국어(12), 제2외국어(8), 체육(2)	
			52학점	
		2	국어(4), 국사학(4), 동양사학(4), 서양사학(4), 문화사개론(4), 철학개론(4), 사학개론(4), 조선문화사(4), 사회학(4), 고고학(4), 체육(4)	
			44학점	

	3	• 공통과목: 국사학(4), 동양사학(4), 서양사학(4), 지리학(4), 체육(4) • 국사전공: 국사학특강(4), 국사학강독(4), 조선사상사(4), 국어학사·국문학사(4), 중국문화사(4) • 동양사전공: 동양사학특강(4), 동양사학강독(4), 중국문학사(4), 중국철학사(4), 국어학사 또는 국문학사(4) • 서양사전공: 서양사학특강(4), 서양사학강독(4), 서양철학사(4), 영어학사 또는 영문학사(4), 일반경제사(4)	• 국사전공: 조선경제사(4), 조선정치사(4), 조선법제사(4), 동양사특강(4), 서양사특강(4), 국어학특강(4), 국문학특강(4), 조선한문학특강(4), 중국윤리학사(4) • 동양사전공: 국사학특강(4), 서양사학특강(4), 중국철학개론(4), 인도불교철학(4), 중국윤리학특강, 중국철학특강, 조선경제사, 조선정치사, 조선한문학사 • 서양사전공: 국사특강(4), 동양사특강(4), 법제사(4), 경제사상사(4), 정치사상사(4), 서양철학특강(4), 영어학사(4), 영문학사(4), 외국어(4)
	4	• 공통과목 : 국사학(4), 동양사학(4), 서양사학(4), 지리학(4), 체육(4) • 국사전공 : 국사학특강(4), 국사학강독(4), 조선한문학사(4), 중국철학사(4) • 동양사전공 : 동양사학특강(4), 동양사학강독(4), 중국윤리학사(4), 조선사상사(4) • 서양사전공 : 서양사학특강(4), 서양사학강독(4), 서양윤리학특강(4), 정치사(4)	

* 자료출처 : 『고려대학교 100년사』
* ( )는 학점수임

이상과 같은 교과과정에서 특징을 찾아보면 전 학년이 모두 체육을 필수적으로 이수하도록 한 점 이었다. 그리고 1학년의 경우에는 외국어의 비중이 상당히 높다는 것도 다른 사립학교와 비슷한 점이다. 고

려대학교의 경우에도 국문학과 과목에서 역사 쪽의 비중이 작지 않다
는 점과 함께 중국과의 비교를 의식한 중국문학사, 중국문학개론 등
의 개설이 특징적이다. 역사학 계통의 과목이 국사 외에도 조선사상
사, 문화사, 법제사, 경제사, 미술사 등을 포함함으로써 상당한 비중
을 보이고 있다.

　사학과의 경우 제1학년은 국문학과와 거의 같은 교과과정을 이수
하고 있었다. 또한 전체적으로는 역사학 과목으로 특화된 것보다는
주로 개설류에 가까운 예컨대 조선사상사와 같은 형식의 과목들이 많
은 점도 특징이라 하겠다. 이는 근대 학문의 역사가 짧은 상황에서 학
문의 분류가 심화되지 않은 것을 반영하고 있기도 하다. 그리고 사학
과의 경우에도 체육이 4학년까지 필수로 들어 있는 점도 역시 국문학
과와 마찬가지이며, 한국사, 동양사, 서양사 전공자들의 과목에는 주
변 학과인 국문, 영문, 철학과 등과 겹치는 과목 예컨대 국어학사, 중
국철학사, 영문학사 등과 같은 과목이 설정되어 있는 점도 하나의 특
징이었다.

　동아대학교 창립 당시의 학칙에 의하면 수업과목은 필수과목과 선
택과목으로 구분하였으며, 선택과목은 제2학년 이후에 수업하기로
하였으며, 선택과목은 4과목 이상을 재학 중에 이수하고 시험에 합격
해야 했다. 또 선택과목은 1과목에 대하여 매주 1시간 4학점으로 하
였다. 학과별 수업과목과 이수 학점은 다음 〈표 16〉과 같다.[15]

---

15 동아대학교, 『동아대학교 50년사』, 1998, 13~15쪽.

〈표 16〉 동아대학교 학과별 개설 교과목 내역(1947년)

학과	구분	과목	학점	과목	학점
법률학과	필수 과목	윤리	4	철학	4
		국어	4	자연과학	4
		국문학	4	경제원론	4
		국사	4	법학통론	4
		문화사	4	제1외국어	4
		제2외국어	4	심리	4
		체육	8	논리	4
		국제공법	4	상법(사회)	4
		민사소송법	8	상법(상행위보험)	4
		헌법	6	민법(총론)	4
		민법(물권)	4	민법(채총)	4
		상법(총론)	4	민법(채각론)	4
		형법(총론)	4	민법(친족)	4
		국제사법	4	상법(해상)	4
		민법(상속)	4	상법(환금수표)	4
		연습	8	형사소송법	4
		영법(英法)	12	군정법	4
		형법각론	4	민법(담보)	4
				계 166학점	
	선택 과목	한문, 라마법, 법제사, 법률철학, 국가학, 형사정책, 사회정책, 경제정책, 사회학, 행정법, 파산사의법(破産私議法), 정치학, 재정학, 회계학, 화폐론, 은행론			
정치경제학과	필수 과목	윤리	4	국제정치론	4
		문화사	4	정치학연습	4
		경제원론	4	국사	4
		헌법	6	자연과학	4
		민법대의(民法大意)		제2외국어	4
		외교사		경제사	4
		상법대의(商法大意)		사회학	4
		세동법		재정학	4
		외국위체(外國爲替)		사회정책	4
		국문학		통계학	4
		논리		체육	4

제1외국어		철학	4
정치사		화폐은행론	4
국가학		경제정책	4
			계 166학점

선택 과목	한문, 법제사, 경제학사, 금융총론, 구주정치조직, 정치, 철학, 형법, 공법학원리, 신탁법, 특허법, 회계학, 국제사법, 법학철학, 농업경제, 상업경제, 공업경제		

물리 학과	필수 과목	일반물리학	6	특수함수론	6
		물리실험III	8	자연과학개론	4
		원자구조론	8	물리학실험 I	8
		원자핵물리학	8	고등해석학	6
		동역학급기체론	10	문화사	4
		논리물리학	8	국어급국문학	8
		미분방정식론	6	열학	6
		추상대수학	6	음향학	8
		제1외국어	4	양자역학	6
		물리학실험II	8	역학선성급유체	8
		전자기상	10	광학(물리광학)	6
		제2외국어	4	투사영기하학	6
		체육	8		
					계 170학점

	선택 과목	한문, 물리, 상대론, 실험물리학연구, 이론물리학연구, 천문학개론, 기상학개론, 물질구조론, 백톨과텐솔, 적분방정식론, 통계역학, 고체론, 고등대수학, 입체기하학, 고등미분학, 복소수함수론			

* 자료출처 : 『동아대학교 50년사』

학년은 매년 9월 1일에 시작하여 이듬해 8월 31일에 마치고 제1학
기는 9월 1일로부터 이듬해 2월 말일까지, 제2학기는 3월 1일 시작하
여 8월 31일에 끝마쳤다. 또 휴업(방학) 또한 학칙으로 규정하였는데
국경일, 일요일, 개교기념일을 포함하여 춘기휴업은 3월 1일로부터
동 5일까지, 하기휴업은 7월 13일로부터 8월 31일까지, 동기휴업은

12월 20일로부터 이듬해 1월 10일까지로 규정하였다. 또한 각 학과마다 소정한 필수선택과목에 대하여 재학년간에 180학점 이상을 취득한 후 졸업시험에 합격된 자를 졸업으로 인정하였다.

중앙여자대학의 경우에는 윤리학개론, 종교사, 기독교개론, 불교·유교요론, 국어강독, 문법, 작문, 국어학개론, 문학사, 언어학, 교육학개론, 교육사, 교수법, 학교관리법, 심리학개론, 논리학개론, 철학개론, 미술개론, 미술사, 문예학개설, 경제원론, 법학통론, 국사, 동양사, 서양사, 영어강독, 영어역해, 영어문법, 영어작문, 영문학, 영문학사, 한문학, 중국사상, 위생, 양호, 가사개론, 생리교육, 재봉, 음악악기, 음악음성 등의 과목이 개설되어 있었다.

미군정 당시 각 대학마다 과목개설에 차이는 있었지만 대개는 유사한 방향성을 지니고 있었던 것 같다. 대개의 경우에 아직 개론류나 개설류의 성격이 강한 과목들이 개설되어 있었으며 공통적으로 180학점 이상이라는 문교부 지침을 따르고 있음을 보여 주고 있다. 또한 학과의 장벽이 높지 않고 상호 연계된 과목 개설이 많다는 점도 들 수 있다. 이는 학문분화가 심화되지 않은 상태에서 특히, 해방 후 교수요원의 부족이 주된 요인이라고 분석된다. 국대안 반대파동 등과 같이 학내외적 문제에 직면한 대학들은 강의 자체가 유명무실한 경우도 있었으나 위에 열거한 교과과정이 한국 대학의 초창기 교과과정으로 그 후에도 상당한 영향을 미친 것으로 보인다. 가장 중요한 점은 해방 이후 한국에서는 일제 강점하에서 획일적으로 이루어지던 교육에서 탈피하였으며 교과과정에서도 대학별로 특색 있게 다양하게 개설되어 향후 균형적인 학문 발전과 전문인 양성의 기반이 되었다.

제7장 글을 마치며

  앞에서 논의해온 것들을 요약하여 정리하는 것으로 글을 마무리하고자 한다.

  제2장에서는 대학교육정책의 변천과정을 일제시기와 미군정기로 나누어 검토하였는데 일제의 대학교육정책은 식민지인으로서 일본 천황에게 충성하는 신민을 배출하는 것을 목표로 추진되었다. 일제의 조선에 대한 표면상의 식민통치 방식이 변하면서 교육정책에도 변화를 가져온 것은 3 · 1운동 이후 문화정치를 표명하면서였다.

  조선총독부는 1919년 12월에 고등보통학교와 여자고등보통학교의 규칙을, 1920년 3월에는 사립학교규칙을 마련하였으며 11월에는 제1차 조선교육령의 일부를 개정하였고, 1922년 3월에는 다시 제2차 조선교육령을 공포하였다. 일제는 특히 사범학교에서 덕성함양이란 명목 하에 충성스러운 일본의 신민이 되는 교육을 실시할 수 있는 교사들을 양성하려고 하였다. 한편 일제의 문화정치 표방과 함께 민립대학 설립운동이 다시 민중운동으로 일어나게 되었다. 이와 같은 조선인들의 움직임을 저지하고자 일제는 경성제국대학의 설립을 추진하게 되었다. 당시 민립대학 설립운동은 전국적인 운동으로 번져나갔고, 1923년 3월 29일에 중앙청년회관(YMCA)에서 '朝鮮民立大學期成會發起總會'가 개최되었다. 이 운동은 일차적으로 대학 내에서 법과·문과 등과 같은 기초학문과 사회운영에 필요한 학과를 우선적으로 설치하려는 것이었다. 민립대학설립운동은 천재지변 등과 일제의 방해로 많은 어려움에 직면하였고 일제는 경성제국대학만 설립하고 민립대학 설립은 끝내 저지하였다. 경성제국대학은 설립목적을 황국신민의 양성에 두었다는 점에서 자유로운 진리탐구를 목적으로 하는 대학 본래의 성격과는 근본적으로 다른 것이었다.

이같이 민립대학 설립운동이 저지되자 기존의 전문학교들은 4년제 대학으로 승격시키려고 하였으나 일제의 고등교육억제정책으로 인해 이것도 실패하게 되었다. 그 중 연희전문학교는 태평양 전쟁 발발 이후에 敵産으로 일제에게 몰수 당하여 교명마저 변경되었다. 일제 강점기하 민립대학설립운동은 미군정기에 다시 일어나 대학설립기성회를 조직하여 대학설립운동을 추진하게 되는 원동력이 되었다.

미군정하의 교육정책은 일제하의 교육논리의 극복이란 과제를 부여받고 있었다. 일제의 교육정책에 따라 조선민족에 대한 차별과 식민지 국민으로서의 동화를 추구하는 것을 극복하는 것이 정책적 과제가 되었다.

미군정을 담당한 미군은 오키나와 전투에 참가했던 24군단으로 행정에 대한 경험이 없는 군대였기 때문에 이들은 한국에 대한 지식이 없는 가운데 행정에 대한 많은 부분을 일본총독부 관리들에게 위임하는 형편이었다. 한국인들은 이에 반발하여 저항하게 되었고 미군정은 그들의 자리를 한국인들에게 차례로 양도하였다. 이 과정에서 중요한 역할을 담당한 사람들은 친미파 인물들이었다. 이들이 주로 미국 등지에서 유학을 했고, 기독교인이면서 영어 소통이 가능했다. 그 중심인물은 오천석·김활란·백낙준 등이었으며 유수한 사립대학을 운영하던 중심인물이기도 했다. 이들은 한국교육위원회에 소속되어 향후 한국의 교육정책에 많은 영향을 미치게 되었다.

한국교육위원회의 성격은 원래 미군정의 자문기관이었지만, 실질적으로는 남한 교육의 모든 부문에 걸쳐 중요한 문제를 심의 결정하였을 뿐만 아니라 각 도의 교육책임자나 기관장 등의 주요인사에 관여했다. 이들의 활약은 미군정기 교육뿐만이 아닌 이후 한국교육의 대체적인 방향까지 결정했다고 보아진다.

이 위원회 구성원들은 보수주의적 성격을 강하게 갖고 있으면서 미국식 교육과 이념을 추종하고 이를 실행하려 하였다. 더구나 중심인물들 중에는 친일 경력자까지 포함되어 있었다. 이들은 남한에서의 미국의 이익을 대변하고 남한의 반공과 자본주의 수호의 전략적 보루로서 자리매김하려는 미군정의 정책에 적극적으로 호응하는 세력이었다.

미군정청은 조선교육심의회를 구성하여 일종의 교육의회적인 역할을 담당케 하였다. 여기에는 모두 10개 분과를 두었는데 대학교육은 제8분과에서 맡아 대학 학제 개편 등의 정책을 수행하였다.

1945년 10월 16일 경성제국대학을 서울대학으로 명칭을 변경시켰고 이는 국립 서울대학교로 개편되면서 대학가는 물론이고 정국에까지 커다란 영향을 미치는 '국대안' 파동을 불러 일으켰다. 이는 미군정이 국립종합대학을 만들면서 자신들의 문교정책을 실현시키려는 의도가 내재되어 있었다. 정치적으로는 좌익계 교수 등을 축출하면서 대학운영에 우위를 확보하려는 의도로 국대안은 좌익계 등은 말할 것도 없고 기존 학교 학생들에게까지 많은 반발을 사게 되었다. 그렇지만 결국에는 경성대학을 중심으로 서울 일원의 전문학교를 흡수한 종합대학 체제의 서울대학교가 만들어지게 되었다.

한편 미국은 대한민국 교육 및 정보조사단을 파견하여 한국교육에 대한 보고서를 작성하였는데 국립서울대학교의 발족에 대해서는 그 통합 방법이나 교육적 이익에 대해 부정적이었다. 그리고 여기서는 사립대학도 자율성보다는 문교부에 의한 통제 쪽에 많은 비중을 두었다. 이는 이후의 문교행정에서도 사립대학의 자율성을 침해할 수 있는 단초가 되었다.

조사단은 또한 학교관리자의 수준 및 시설과 장비의 미비를 근거로 당시 한국고등교육을 '혼동상태'로 인식하였다. 이런 문제는 당시 혼란된 한국상황에서 쉽게 극복할 수 없었고 미국과의 교육교류를 확대하고 고문 초빙 등에 의한 미국적 이념의 교육방안을 실천하는 것으로 대안 모색이 제시되었다.

제3장에서는 대학의 개편과 설립과정에 대해 알아보았다. 해방 이후에 서울을 위시한 각 지방에서도 고등교육기관을 설립하기 위한 운동이 활발하게 전개되었다. 해방 직후 남한에는 23개 대학과 전문학교가 존재하였다. 이중 대학은 경성대학을 제외하고는 나머지는 전문학교였으므로 대학으로의 승격을 시도하였으며 해를 거듭할수록 많은 대학들이 개교되었다. 1947년이 되자 35개가 넘는 대학들이 존재하게 되었고 정부수립 때는 대학과 이에 준하는 교육기관들이 41개나 존재하게 되었다. 그 중에는 문교부의 승인을 받지 못하거나 시설이나 교수인원의 부족으로 법적 기준보다 미비한 곳이 많았다.

이를 개관하여 보면 첫째, 서울지역을 중심으로 한 편중이 두드러지며 그 다음으로 영남과 호남 지역에 편중된 경향을 보였다. 영남지역은 호남지역보다도 많은 교육기관을 가지고 있었는데 이는 산업발달 정도에 따른 도시발달 및 인구집중도와 관련이 깊었다. 특히 충청과 강원권에는 거의 대학이 존재하지 않다가 청주와 춘천 등지를 중심으로 대학들이 설립되었다. 이러한 지역적 편중 현상은 이후 오랫동안 지속되었다고 볼 수 있다.

둘째, 여성교육기관의 부족으로 여성고등교육기관은 소수에 불과했다. 이는 오랜 동안의 유교이념의 사회적 지배로 인한 여성인력의 활용기피 경향을 보여주는 것이기도 하다.

셋째, 기독교계통의 학교가 크게 증가한다는 점인데 이는 미군정과 밀접한 관련성을 가지고 있었고 미군정 교육이 기독교와 민주주의 이념에 바탕하고 있었으며 이에 동조하던 한국인들이 미군정 교육정책의 주체로서 참여하고 있는데 기인하고 있으며 기독교이념에 입각한 학교의 설립은 보다 수월했을 것이라고 생각된다.

결국 미군정 하의 교육정책과 대학설립 과정은 일정한 상관관계를 지니고 있었으며 미군정은 대학의 '설립인가'라는 통제책을 이용하여 국립 서울대학교을 위시한 자신들의 이념에 걸맞는 대학을 설립하고자 하였다. 이는 남한 전체를 미국 이익에 맞는 새로운 정부를 수립하려는 방향과도 일치하였다.

지방의 경우 대학설립이 주로 대학설립기성회를 통해서 이루어졌는데 여기서는 일단 부산대학의 설립과정을 대표적인 경우로 살펴보았다. 부산대학의 경우에는 그 지역의 관료와 지역경제인 등이 결합하여 설립기금을 마련하고 대학을 세운 대표적인 학교였다. 이런 유형의 사례가 각 지방의 사립대학에도 비슷하게 나타났다. 이 대학설립기성회에 의한 설립은 이미 일제시기부터 전개되었던 설립운동의 전통을 이어받은 것이기도 하다. 반면에 기존의 전문학교들은 보다 수월하게 4년제 종합대학으로 승격될 수 있었고 일제시기에 敵産으로 빼앗긴 학교들은 다른 학교들보다 복잡한 인수절차와 재건과정을 겪어야 했었다.

제4장에서는 설립기금조성과 학교운영에 대한 내용을 검토하였다. 여기서는 기금조성의 문제를 국·공립과 사립대학으로 나누어 살펴보았다. 그 내용은 학교설립과정과 겹치는 부분이 있지만 당시 가장 중요한 재정적 기초를 확보하는 방식에 초점을 맞추었다.

국·공립대학의 경우에는 국립서울대학교를 제외하고는 비슷한 유형의 기금조성과정을 보여준다. 국립 서울대학교는 여타 국립대학교와는 달리 미군정의 의도 하에 기존의 경성제국대학과 전문학교들을 묶어서 종합대학으로 설립되었으며 설립기금이 필요하지는 않았다. 다른 국공립대학의 경우에는 대개 문교부 인가를 위해 1,000만 원정도의 설립 기금을 납부해야 했다. 그 때문에 각 지역에서는 지방 관료와 지역유지 등은 말할 것도 없이 학생들까지 동원하여 설립기금을 모금하였다. 사립학교도 마찬가지였지만 회사자들은 토지를 기부하는 경우가 많았다. 고려대학교의 경우에는 김성수가 많은 토지를 기부하여 학교재정문제를 해결하려고 하였다. 중요한 것은 신설대학의 경우에 재정문제를 해결하기 위한 재단이사회를 구성하는 문제가 뒤따랐다.

이와 같은 유형과 다른 것은 부산수산대학의 경우였는데 이 학교는 일제시기부터 존재해온 전문학교이었으며 다른 대학과 달리 특정분야의 전문가를 양성하는 학교였다. 수산계와 밀접한 관련을 지닌 학교이므로 당시 어업수산조합에 위탁하여 그 판매 이익금의 일부를 적립하는 독특한 방법을 사용했던 것이다. 이와 같은 방법은 오래 지속되지는 못하였지만 대학의 기금조성방법이 기존의 지주층이나 지역 유지들의 기부에 의존했던 것과는 다른 방식을 보여주었다.

한편 학생들에 의한 모금방법은 기성회가 발행한 후원권을 판매하는 방식으로 학생들이 각 지역을 순회하면서 이를 지역민들에게 선전하고 판매하였다. 조선대학교나 진주농과대학의 경우에는 이 과정을 잘 보여주고 있으나 근본적인 재정문제의 해결책은 되지 못하였다. 미군정기 당시의 지역경제사정이 좋지 않았으며 특히 이 시기에 자주 발생한 재해 등으로 인해 일반인들의 경제적 궁핍이 더하였기 때문이다.

기존 사립전문학교들은 학교운영주체의 개인적 노력에 의한 재정확립 기여방식이 보편적이었다. 중앙여자대학의 임영신은 미국인들로 구성된 한미친선재단의 보조금으로 재정적인 어려움을 타결하려고 하였는데 이는 임영신의 활발한 정치적인 활동 덕분에 가능하였다. 연희전문학교는 해방 직전 敵産으로 학교를 일제에게 강탈당하였기 때문에 해방 후 미군정에 의한 인수절차를 거쳐야 했다. 미국인 선교재단이라는 점과 학교운영주체의 미군정과의 밀착관계는 이러한 과정을 극복하는데 많은 도움이 되었다.

국민대학 같은 신설대학의 경우에는 여러 가지 어려움에 직면해야 했으며 그중 재정적 어려움을 극복하는 것이 가장 힘들었다. 이로 인하여 재단구성과 학교 측과의 갈등이 가장 심각하게 나타났다. 불교적 성향의 재단과 신익희를 중심으로 한 학교 측의 갈등은 결국 두 개의 학교로 분리되는 상황에까지 이르게 되었다.

개인적인 희사와 노력으로 순조롭게 학교가 설립되었던 경우도 있었다. 청주상과대학은 김원근, 김영근 형제가 개인적으로 재정을 부담함으로써 학교가 순조롭게 개교할 수 있었다.

대구대학은 설립기성회의 활동이 가장 활발했던 경우로 경북지역 종합대학설립기성회를 구성하고 대구지역의 상당수 유지들을 흡수하여 모금운동을 활발히 추진하였다. 그에 따라 많은 토지가 기부되었으며 다액기부자들을 중심으로 한 이사회가 성립되었으며 경북도청과 문화협회 및 향교재단이 학교설립에 재산을 기부하면서 참여하였다. 이런 점에서 대구대학은 관료를 위시한 경북지역민의 협동적인 노력에 의해 만들어진 대학이었다.

한편 학교운영은 지금까지 전문학교로 구성되어 오다가 4년제 대학으로 개편되면서 혼란을 감수해야 했다. 이는 기존의 예과 등의 존속과 새로운 신입생 선발에 의한 교과과정의 개발 등에서 생긴 결과였다. 아울러 각 대학에서는 국대안 반대파동 등으로 인한 좌익계와 우익계 학생들의 갈등으로 상당한 진통을 겪어야 했다. 또한 중국이나 만주, 일본 등에서 귀국한 학생들의 편입학문제도 어려운 것 중에 하나였다. 이들의 교육수요를 수용할 수 있는 대학의 규모가 되지 못했기 때문으로 입학시험이나 편입시험에서는 많은 지원자들로 인하여 혼잡을 겪어야 했다. 그럼에도 불구하고 각 대학들은 점차 학사운영의 체계가 잡혀갔다. 각 대학들은 당시의 경제상황 속에서 많은 재정적 어려움에 직면해야 했고 고도의 인플레이션 속에서 학교재정계획은 수립되기 어려웠으며 때문에 등록금은 해마다 폭발적으로 인상되어야 했다. 이러한 운영상의 어려움은 교수나 교직원 등에 대한 대우를 어렵게 만들었다. 이와 같은 문제는 6·25전쟁 이후에도 오랜 기간 겪었던 문제이기도 하였다.

제5장에서는 미군정기 교육이념과 새교육 운동에 대하여 살펴보았다. 먼저 교육이념에 대해서 본다면 남한에서 대학교육이념에 가장 큰 영향을 준 것은 미군정하에서 만들어진 조선교육심의회였다. 교육이념은 1945년 제1분과에서 백낙준이 제시한 '弘益人間'을 바탕으로 한 민주국가의 공민 양성을 주안점으로 한다고 정해졌다. 원래 홍익인간은 상해임시정부시절부터 교육이념이었다. 임시정부가 정치·교육·경제의 균등화로 대표되는 三均主義를 표방하고 개인·민족·국가 간의 대동화에 따른 世界一家를 달성하자는 목표를 제시한 데서 비롯되었다. 홍익인간이 미군정기 하에서 교육이념으로 채택될 때에 논란이 있었는데 백낙준에 의하여 이루어졌다는 설이 가장 유력하다.

미군정은 민족주의적인 '홍익인간'의 이념의 실현을 추구하려고 하지는 않았다. 그 이유는 첫째, 국제정치의 역학관계 속에서 미국의 국익을 우선하여야 하며 둘째, 그 원칙에 부합되는 교육정책과 목적을 수립하고 설정하는 것 셋째, 그러한 원칙 하에 한국의 교육이 민족의 자주성이나 독립성보다는 민주주의의 실현을 우선해야 하며 이를 위해서 일본식 교육 대신미국식 교육방법과 이론을 한국 교육에 도입하여 정착시키려는 것을 목표로 하였기 때문이다.

이를 실현하는 방법은 오천석과 같은 미국 유학생 출신 등에 의하여 새교육운동으로 나타났다. 이 운동은 미국의 존 듀이의 실용주의적 교육관에 입각한 것으로 개개인의 아동을 중심으로 한 개인주의에 입각한 교육과정을 추구하는 것에 주안점을 두고 있다.

미국의 교육이념이 크게 적용된 것은 무엇보다도 교원양성과정에서 였으며, 사범대학에서의 교육과정이 대표적인 예이다. 초등 및 중등교육과정을 담당하고 있는 교원들이 미국식 교육이념을 실천해야 하는 주체였기 때문이었다. 이를 위하여 미군정 학무국의 편수과는 새교육이념과 실천적 원리를 교과서에 담으려고 노력하였다. 그 결과 과거에 일제 군국주의적 이념을 반영한 수신과목을 없애고 이를 역사, 지리 등을 통합하여 사회생활과로 바꾸었으며 여타의 과목들도 미국식 이념에 맞도록 변환시키려고 노력하였다.

제6장에서는 전문인 육성을 위한 대학별 교과과정의 특성에 대하여 살펴보았다.

대학에서의 교과운영을 살펴보면 다음과 같았다. 원래 대학에서는 문교부가 정한 180학점 이상 수료라는 원칙에 맞게 교과과정을 배정하였으며 대부분의 대학들은 과목을 교양필수과목, 전공과목, 선택과목으로 편성하였다. 교양과목의 특징은 첫째, 국공립대학이나 사립대학 모두가 외국어, 특히 영어의 비중이 상당히 높다는 공통점을 가지고 있으며 둘째, 체육과목에 대한 중시이다. 이는 미군정이 체육을 통해 민주적 생활의 기틀을 마련할 수 있다고 인식했기 때문이다. 그 예로 연희대학교와 고려대학교의 경우에는 체육과목이 4학년 졸업 때까지 매 학년 전체에 필수적으로 들어야 할 과목으로 배정되어 있을 정도로 체육과목은 이 시기 각 대학에서 교양으로 매우 중시되었다.

선택과목은 교수요원, 강의실의 부족, 기자재 미비로 다양한 선택을 할 수 없었다. 부산수산대학의 경우는 전문기술의 습득을 목표로 하고 있었기 때문에 실습 과목 개설 등으로 인하여 선택과목이 거의 없을 정도였다. 그럼에도 불구하고 이 학교에서는 실습과목의 개설도 일제시기보다 미비하였는데 이는 실습선과 같은 선박이나 시설이 부족했기 때문이었다. 이와 같은 상황이었기에 대학들은 거의 하나같이 이과계통에서 실험, 실습을 하기가 어려운 실정이었다.

사립대학교의 경우에는 각 과에서 개설되는 과목이 인접학문을 포괄하는 경우가 많았다. 예컨대 국문학과의 전공과목 상당수가 사학과 과목과 겹치는 경우가 많았다. 이는 당시 교수의 부족과 학문적 미분화로 인한 현상이었다. 특히 일제의 영향이 그대로 과목개설에 반영되어 있는 경우도 많았는데 이는 미군정기로 들어섰지만 갑작스레 모든 부분이 변화되기 어려운 탓이기도 하였다. 그러한 여건 속에서도 교과과정은 미군정의 강한 영향 하에서 다양하게 개편되었다.

미군정 당시 각 대학마다 과목개설에는 차이는 있었지만 대개는 유사한 방향성을 지니고 있었다. 대개의 경우 아직 개론류나 개설류의 성격이 강한 과목들이 개설되어 있었다. 학과의 장벽이 높지 않고 상호 연계된 과목 개설이 많은 것은 학문분화가 심화되지 않은 상태이고 교수요원의 부족이 주된 요인이라고 분석된다. 국대안 반대파동 등과 같이 학내외적 문제에 직면한 대학들은 강의 자체가 유명무실한 경우도 있었으나 한국 대학의 초창기 교과과정은 일제 강점하에서 획일적이고 일제의 군국주의적 목적으로 이루어지던 교육에서 탈피하였으며 대학별로 특색 있게 다양하게 개설되어 향후 균형적인 학문 발전과 전문인 양성의 기반이 되었다.

미군정기에는 국가 발전을 주도할 전문인 육성을 위한 폭발적인 고등교육수요에 따라 신설대학의 설립과 기존 전문학교들의 대학 승격이 이루어졌다. 이 시기 설립된 많은 대학들은 미국적 이념의 영향 속에서 성장하였지만 오늘날까지 존속하면서 양적 · 질적으로 확산되었다. 미군정기는 현대 한국대학의 태동기였다. 미군정기는 혼란한 상황이었지만 다양한 방식으로 마련된 대학정책이 한국대학 형성과 발전에 지대한 영향을 미쳤으며 전문인 육성의 기반을 마련하였다는 점에서 재평가되어야 할 것이다.

참고문헌

1. 資料

朝鮮總督府 學務局,『朝鮮教育要覽』, 大正 15년(1926).

朝鮮總督府 學務局,『朝鮮教育要覽』, 昭和 4년(1929).

朝鮮總督府官報, 第789號, 大正 4년(1915).

京城日報社,『京城年鑑』, 昭和 12년(1937).

京城日報社,『京城年鑑』, 昭和 14년(1939).

京城日報社,『京城年鑑』, 昭和 19년(1944).

주한미군정,『정보보고서』제1권~제15권, 서울 : 일월서각, 1986.

주한미군정,『미군정법령집』.

문교부,『文教概況』, 1946.

문교부,『문교개관』, 서울 : 대한문교서적주식회사, 1958.

문교부,『교육기관통계』, 서울 : 문교부, 1958.

문교부,『문교통계요람』, 1963.

T.H. Yun's Letter to Dr. Warren A, Candler, April 16, 1907 ; June 3, 1907 ; October
　　13.

E. G. Meade, *Military Government in Korea*, New York, 1951.

GHQ SCAP, Summation of Non-Military Activies in Japan and Korea: For the
　　　Month of September~October 1945(no.1).

Bureau of Education, *History of Bureau of Education*: From 11 September 1945 to
　　　28 Februrary 1946.

Memorandum by Assistant Secretary of State for Occupied Areas Hilldring to the
　　　Operation Division, War Department, FRUS, 1946.

USAMGIK, History of Bureau of Education, 1946.

寺內正毅 各道內務部長にたいする諭示, 1912.1.

高橋濱吉,『朝鮮敎育史考』, 帝國地方行政學會 朝鮮本部, 1927.

大野謙一,『朝鮮敎育問題管見』, 朝鮮敎育會, 1936.

국사편찬위원회,『자료 대한민국사』1, 1987.

조선일보사,『사료 해방 40년』, 서울 : 조선일보사, 1985.

한림대학교아시아문화연구소,『미군정기정보자료집성』전19권, 춘천 : 한림대학
　　　교아시아문화연구소, 1988.

통계청,『통계로 본 광복 전후의 경제 · 사회상』, 서울 : 통계청, 1993.

교련20년사편찬위원회,『교련20년사』, 서울 : 대한교육연합회, 1967.

교육신문사,『한국교육100년사』, 서울 : (주)교육신문사, 1999.

남조선과도정부,『조선통계연감』, 서울 : 남조선과도정부, 1948.

대학교육역사편찬위원회,『대한교련사』, 서울 : 대한교육연합회, 1973.

박희영,『해방이후조선내주요일지』, 서울 : 미상, 1946.

宋炳基 등,『韓末近代法令資料集』1, 大韓民國國會圖書館, 1970.

李吉相 · 吳萬錫,『韓國敎育史料集成』(美軍政期篇 Ⅰ · Ⅱ · Ⅲ), 서울 : 韓國精神文
　　　化硏究院, 1997.

정용욱,『해방직후 정치 · 사회 자료집』전12권, 서울 : 다락방, 1997.

鄭泰秀,『美軍政期 韓國敎育史料集』上 · 下, 서울 : 弘芝苑, 1992.

한국교육10년사 간행회,『한국교육 10년사』, 서울 : 풍문사, 1960.

중앙대학교부설한국교육문제연구소,『문교사 1945~1973』, 서울 : 중앙대학교 출판
　　　국, 1974.

韓國精神文化硏究院 編,『한국근·현대 교육사』, 서울 : 韓國精神文化硏究院, 1995.

「김활란 총장이 재미이화협동위원회에 보낸 서한」, 1945.11.22.

『조선일보』, 1922.2.3 사설, 1946.4.15,

『동아일보』, 1923(2.25 사설, 3.30, 4.20, 5.11, 5.13, 5.22, 5.23, 5.25, 5.26, 5.27, 5.28, 5.29, 5.30, 5.31, 7.16), 1945(12.10, 12.20), 1946(4.26, 5.18, 6.1, 6.8, 6.15, 7.13, 7.16, 8.13, 9.11), 1948(1.1, 1.3, 5.25)

『서울신문』, 1946(4.15, 9.11)

『경향신문』, 1946.12.22

『대한매일신보』, 1906.7.13

『대동신문』, 1946.7.14

『고대학보』, 46호(1974.5.5)

2. 校史

가톨릭中央醫療院五十年史編纂委員會,『가톨릭中央醫療院五十年史』, 서울, 1988.

江南大學校五十年史編纂委員會,『江南大學校五十年史』, 서울, 1998.

江原大學校五十年史編纂委員會,『江原大學校五十年史』, 춘천, 1997.

建國大學校五十年史編纂委員會,『建國大學校五十年史』, 서울, 2000.

慶尙大學校五十年史編纂委員會,『慶尙大學校五十年史』, 진주, 1998.

慶北大學校五十年史編纂委員會,『慶北大學校五十年史』, 대구, 1996.

慶熙三十年史編纂委員會,『慶熙三十年』, 서울, 1981.

高麗大學校九十年誌編纂委員會,『高麗大學校九十年誌』, 서울, 1995.

고려대학교100년사편찬위원회,『고려대학교100년사』, 서울, 2008.

公州師範大學三十五年史編纂委員會,『公州師範大學三十五年史』, 공주, 1983.

國民大學三十年史編纂委員會,『國民大學三十年史』, 서울, 1976.

檀國大學校五十年史編纂委員會,『檀國大學校五十年史』, 서울, 1997.

東國大學校九十年誌編纂委員會,『東國大學校九十年誌』, 서울, 1998.

東亞大學校五十年史編纂委員會,『東亞大學校五十年史』, 부산, 1998.

釜山大學校五十年史編纂委員會,『釜山大學校五十年史』, 부산, 1997.

釜山水産大學校五十年史編纂委員會,『釜山水産大學校五十年史』, 부산, 1991.

서울대학교五十年史編纂委員會,『서울대학교五十年史』, 서울, 1996.

成均館大學校校史編纂委員會,『成均館大學校六百年史』, 서울, 1998.

淑明女子大學校五十年史編纂委員會,『淑大五十年史』, 서울, 1989.

숭실대학교100년사편찬위원회,『숭실대학교100년사』, 서울, 1997.

延世大學校百年史編纂委員會,『延世大學校百年史』, 서울, 1985.

嶺南大學校五十年史編纂委員會,『嶺南大學校五十年史』, 대구, 1996.

梨花100年史編纂委員會,『梨花100年史』, 서울, 1994.

全南大學校五十年史編纂委員會,『全南大學校五十年史』, 광주.

全北大學校五十年史編纂委員會,『全北大學校五十年史』, 전주, 1997.

朝鮮大學校校史編纂委員會,『朝鮮大學校五十年史』, 광주, 1997.

中央大學校六十年史編纂委員會,『中央大學校六十年史』, 서울, 1978.

淸錫學園70年史編纂委員會,『淸錫七十年史』, 청주, 1994.

韓國海洋大學校五十年史編纂委員會,『韓國海洋大學校五十年史』, 부산, 1995.

韓神大學五十年史編纂委員會,『韓神大學五十年史』, 서울, 1990.

漢陽大學校校史編纂委員會,『漢陽大學校五十年史』, 서울, 1989.

弘益大學校校史編纂委員會,『弘益大學校三十七年史』, 서울, 1983.

3. 著書

김동구,『미군정기의 교육』, 서울 : 문음사, 1995.

김성진,『대학교』, 서울 : 한국교육미디어, 2003.

김석준,『미군정 시대의 국가와 행정』, 서울 : 이화여자대학교 출판부, 1996.

김영모,『한국사회계층연구』, 서울 : 일조각, 1982.

金容逸,『美軍政下의 教育政策 研究』, 서울 : 高麗大學校 民族文化研究院, 1999.

김운태,『미군정의 한국통치』, 서울 : 박영사, 1992.

김인회,『교육과 민족문화』(3판), 서울 : 한길사, 1986.

김종철,『한국교육정책연구』, 서울 : 교육과학사, 1989.

김형관,『우리나라 대학교육의 변천에 관한 연구』, 서울 : 고대교육문제연구소, 1990.

대학사연구회,『전환의 시대 대학은 무엇인가』, 서울 : 한길사, 2000.

馬越 徹,『現代韓國教育研究』, 東京 : 高麗書林, 1981.

馬越 徹,『韓國近代大學의 成立と 展開』, 名古屋大學出版部, 1995(한용진 역, 서울 : 교육과학사, 2001).

백낙준,『韓國教育과 民族精神』, 서울 : 문교사, 1953.

백낙준,『한국의 현실과 이상』, 서울 : 동아출판사, 1963.

서울신문사 편,『주한미군 30년』, 행림출판사, 1979.

손인수,『한국근대교육사 1885~1945』, 서울 : 민영사, 1973.

손인수,『미군정과 교육정책』, 서울 : 민영사, 1992.

손인수,『한국교육사 연구』, 서울 : 문음사, 1998.

손인수,『韓國近代教育史－韓末・日帝治下의 私學史研究』, 서울 : 연세대학교 출판부, 1971.

송광성,『미군점령4년사』, 서울 : 한울, 1993.

송남헌,『해방삼년사 I・II 1945~1948』, 서울 : 까치사, 1985.

阿部 洋,『解放後 韓國의 教育改革 : 美軍政期를 中心으로』, 서울 : 韓國研究院, 1987.

안기성,『한국근대교육법제연구』, 서울 : 고대민족문화연구소, 1984.

안중근의사 숭모회,『안중근의사 자서전』, 1979.

劉庚煥,『偉大한 韓國人 安重根』, 서울 : 태극출판사, 1977.

역사문제연구소,『해방삼년사 연구입문』, 서울 : 까치사, 1989.

오욱환 · 최정실,『미군점령시대의 한국교육』, 서울 : 광명출판사, 1993

오천석,『민주교육을 지향하며』, 서울 : 을유문화사, 1960.

오천석,『한국교육사』상 · 하, 서울 : 광명출판사, 1975.

李洸浩,『美軍政의 教育政策』, 서울 : 한길사, 1985.

이만규,『조선교육사』II(영인본), 서울 : 거름, 1988.

이만열,『한국사연표』, 서울 : 역민사, 1985.

정재철,『일제의 대한국식민지교육정책사』, 서울 : 일지사, 1985.

鄭泰秀,『光復3년 韓國教育法制史』, 서울 : 叡智閣, 1995.

鄭泰秀,『韓國教育基本法制 成立史』, 서울 : 叡智閣, 1996.

차상철,『해방전후 미국의 한반도 정책』, 서울 : 지식산업사, 1991.

차석기,『식민지교육정책 비교연구 : 20세기 열강국을 중심으로』, 서울 : 집문당,
        1989.

최대구 편역,『미국교육 · 일본교육 : 미 · 일교육상호연구』, 서울 : 이문출판사,
        1988.

韓國大學教育協議會,『韓國 高等教育의 歷史的 變遷에 관한 研究』, 서울 : 同協議
        會, 1989.

한국정신문화연구원,『일제하의 교육이념과 그 운동』, 성남 : 동연구원, 1986.

한림대아시아문화연구소,『한국현대사와 미군정』, 서울 : 동연구소, 1992.

한준상,『現代韓國教育의 認識』, 서울 : 청아출판사, 1990.

한준상 · 김성학,『현대한국교육의 인식』, 서울 : 청아출판사, 1990.

행정신문사 출판국,『한국교육개관』, 서울 : 행정신문사 출판국, 1957.

홍영도,『한국독립운동사』, 애국동지원호회, 1956.

홍웅선,『광복후의 신교육 운동 1946~1949 : 조선교육연구회를 중심으로』, 서울 :
        대한교과서주식회사, 1991.

4. 論文

견학필, 「미군정과 한국정치발전에 대한 연구」, 동아대학교 박사학위논문, 1984.

류동회, 「미군정기 대학설립에 관한 연구」, 명지대학교 박사학위논문, 2001.

김경식, 「현대 한국 군정교육의 역사적 평가 : 법규·법철학을 중심으로」, 『한국교육사학』 제13집, 한국교육학회 교육사연구회, 1991.

김동구, 「미군정기의 교육상황」, 『교육발전』 제9집, 서원대학교 교육연구소, 1990.

김동구, 「미군정 기간중 미국의 한국에 대한 교육정책」, 『교육학연구』, 한국교육학회, 1991.

김용일, 「8·15 전후의 교육개혁론 연구」, 안기성 외 『한국교육개혁의 정치학』, 서울 : 학지사, 1998.

김인회, 「교육목적관의 변천과정」, 『한국신교육의 발전연구』, 한국정신문화연구원, 1984.

김종철, 「한국의 교육제도와 교육행정에 미친 미국문화의 영향」, 고려대학교 아세아문화연구소 『아연창립 10주년기념 심포지움 특집호』 93~106, 서울 : 동연구소, 1967.

金鎬逸, 「1920년대 민립대학 설립운동의 전개와 그 한계」, 『아시아의 근대화와 그 한계』, 한림대학교 아세아문제연구소, 2000.

盧榮澤, 「日帝下 韓國 天主敎의 敎育事業硏究(1)」, 『崔奭佑 神父 華甲紀念 韓國敎會史 論叢』, 1982.

柳永烈, 「韓國 최초 近代大學의 設立과 民族的 성격」, 『한국민족운동사연구』 제15집 95~120, 서울 : 한국민족운동사연구회, 1997.

柳炯鎭, 「第二次大戰以後 美國敎育의 歷史的 意味 : 韓國敎育에 끼친 美國敎育의 영향」, 『韓國敎育史學』 제4집, 1982.

文炯滿, 「宗敎敎育의 理念과 私學精神」, 『日帝下의 敎育理念과 그 運動』, 1986.

朴殷穆, 「第二次大戰以後 韓國敎育의 歷史的 意味 : 韓國의 1945年에서 1959年」, 『韓國敎育史學』 제4집, 1982.

손인수, 「한국군정교육의 역사적 평가」, 한국교육학회교육사연구회편, 『한국근대

교육의 재조명』, 서울 : 집문당, 1993.

손인수, 「일제 식민지 교육정책의 성격」, 한국정신문화연구원, 『일제하의 교육이념과 운동』59~96, 성남 : 한국정신문화연구원, 1986.

안호상, 「민주교육 철학론」, 『朝鮮敎育(1)』, 1946.

오재완, 「미군의 대한정책과 미군정의 국내 정치적 역할」, 고려대학교 박사학위논문, 1991.

오천석, 「듀이의 교육사상과 한국의 교육상」, 『새교육』7권 2호, 1955.

오천석, 「군정문교의 증언 2」, 『새교육』214호, 1972.

유준기, 「1910년대 기독교의 민족독립운동」, 『총신대논총』, 총신대학교, 2001.

윤팔중, 「미군정기의 교육과정」, 『교육학논집』, 화곡서명원박사회갑기념논문집간행위원회, 1979.

이광호, 「한국 교육체제 재편의 구조적 특징에 관한 연구 : 1945~1955년을 중심으로」, 연세대학교 박사학위 논문, 1990.

이광호, 「미군정의 교육정책」, 강만길 외 『해방전후사의 인식』2, 서울 : 한길사, 1985.

이길상, 「제국주의 문화침략과 한국교육의 대미종속화」, 『역사비평』, 1992.

이숭녕, 「국대안 반대 맹휴」, 조선일보사 편집국 편 『전환기의 내막』, 서울 : 조선일보사, 1982.

정선희, 「경성제국대학의 성격연구」, 연세대학교 박사학위 논문, 1998.

鄭在哲, 「韓國敎育制度硏究의 成果와 課題」, 『韓國敎育史學』제9집, 1987.

진덕규, 「미군정의 정치사적 인식」, 『해방전후사의 인식』, 서울 : 한길사, 1979.

최광만, 「국대안 관철에 대한 제고」, 『교육사학연구』제2,3집, 서울대학교 교육사학회, 1990.

한준상, 「미국 문화침투와 한국교육」, 박현채 외 『해방전후사의 인식』, 서울 : 한길사, 1987.

關 英子, 「美軍政下における韓國人の 國育再建努力」, 『韓』no.112, 東京 : 韓國硏究院, 1988.

稲葉 繼雄, 「解放後韓國の敎育に尺した人人」, 『韓』no28, 東京 : 韓國硏究院, 1988.

찾아보기

| 류동희 柳東熙 |

1961년 강원도 횡성군(현재 원주시) 출생
1978년 고졸자격 검정고시 합격
1982년 명지전문대학 지역사회개발과 졸업
1993년 한국방송통신대학교 국어문학과 졸업 (문학사)
1996년 관동대학교 대학원 사학과 (문학석사)
2001년 명지대학교 대학원 사학과 (문학박사)
2008년 강릉대학교 교육대학원 교육행정 (교육학석사)
2009년 서울·한국디지털대학 수학 (평생교육사 2급 자격 취득)
1984년부터 강원도교육청, 강릉원주대학교, 안동대학교에서 교육행정공무원
(2010년 서기관으로 명예퇴직)
현재 안동대학교 취업지원관
　　　인력개발본부·평생교육원 강사

美軍政期 大學과 專門人 育成 硏究

초판인쇄일　2010년 11월 1일
초판발행일　2010년 11월 3일
지 은 이　류동희
발 행 인　김선경
책 임 편 집　김윤희, 김소라
발 행 처　도서출판 서경문화사
　　　　　　주소 : 서울 종로구 동숭동 199 - 15(105호)
　　　　　　전화 : 743 - 8203, 8205 / 팩스 : 743 - 8210
　　　　　　메일 : sk8203@chollian.net
등 록 번 호　제 1 - 1664호

ISBN　978-89-6062-065-0　　93370